마케터의
생각법

마케터의 생각법

개정2판 1쇄 발행 2023년 7월 25일
2쇄 발행 2024년 8월 27일

지은이 황부영
펴낸이 배충현
펴낸곳 갈라북스
출판등록 2011년 9월 19일(제395-251002011000260호)
전화 (031)970-9102 / **팩스** (031)970-9103
블로그 blog.naver.galabooks
페이스북 www.facebook.com/bookgala
이메일 galabooks@naver.com

ISBN 979-11-86518-72-4 (03320)

「이 도서의 국립중앙도서관 출판예정도서목록(CIP)은 서지정보유통지원시스템 홈페이지(http://seoji.nl.go.kr)와 국가
자료공동목록시스템(http://www.nl.go.kr/kolisnet)에서 이용하실 수 있습니다.」

갈라북스는 다양한 생각과 정보가 담긴 여러분의 소중한 원고와 아이디어를 기다립니다.
—출간 분야: 경제 · 경영 / 인문 · 사회 / 자기계발
—원고 접수: galabooks@naver.com

마케터의
생각법

좀 더 친절한, 좀 더 도움 되는 …
독자 의견을 경청한 결과물

기획, 전략, 마케팅 그리고 브랜딩은 제가 천착해 온 주제입니다. 짧지 않은 시간 동안 다양한 경험에서 얻게 된 내 나름의 인사이트를 통찰의 체계로 정리해서 책으로 세상에 내보이겠다는 욕심이 있었습니다.

네 가지 주제를 시리즈처럼 책으로 내려다, 여러 이유로 하나의 책에 네 가지 주제를 다 담아 펴내게 된 책이 『마케터의 생각법』입니다. 전하고픈 얘기는 많고 한 권에 가능한 많이 담으려다 보니 조금은 불친절한 책이기도 했습니다.

이 책이 세상에 나오고 5년이 흘렀습니다. 기대만큼 큰 반향을 얻지는 못했으나 공부하는 모임에서 또 책 읽고 토론하는 커뮤니티 등에서 꾸준히 찾는 책이기는 했습니다.

그렇게 이 책을 접한 독자분들 중 몇몇 분이 '개정판을 내면 어떻겠냐는 얘기를 가끔 전해 왔습니다. 자주는 아니지만 그런 의견을 꾸준히 받아 왔습니다. 공부하고 토론하고 그를 통해 얻게 되는 깨우침을 실무에 반영하려는 분들에게 도움이 되어왔다는 즐거운 각성이었습니다.

그래서 다른 독자들을 만나고 『마케터의 생각법』에 대한 솔직한 의견을 들었습니다. 어떤 부분이 어떻게 바뀌면 좀 더 친절한 책이 될지를 알아봤습니다. 좀 더 도움이 되는 책이 되려면 어떻게 바뀌면 되는지를 경청했습니다.

이 개정판은 그 결과입니다. 시의성이 떨어지는 사례를 덜어내고 최신의 사례를 추가해서 현재성을 확보하려 했습니다. 자의식 과잉으로 오해받을 만한 표현은 고쳐 썼습니다.

마케팅, 브랜딩, 광고 등 넓은 의미의 커뮤니케이션 분야에서 일하는 분들에게 필요한 책이 되고자 했던 원래의 목표를 좀 더 충실하게 달성할 수 있도록 정리했습니다. 브랜드 부분은 특히 신경 써서 보강했습니다.

부디 독자 여러분에게 도움이 되는 책이 되기를 또 다시 소망합니다.

_ 황부영

가슴이 뛰는
'일'을 하라고?

'좋아하는 일을 하며 살라' '꿈을 좇아 살라'와 같은 당부는 대체로 공허하게 들린다. 분명 좋은 얘기인데 헛헛한 기분이 든다. 수많은 '멘토'란 분들이 오늘도 어디에선가 같은 얘기를 하고 있을 것이다. (제발 그런 얘기는 청소년에게만 해주시라.)

이런 얘기를 들으며 반감이 드는 이유는 간단하다. 좋아하는 일을 하는 것으로, 꿈을 좇는 것만으로 생활이 해결되는 사람은 극소수이기 때문이다.

대부분의 우리에겐 '밥벌이'를 해결하는 방법이 '직장에서 일 하는 것' 말고는 현실적인 대안이 별로 없다. '좋아하는 일만을 하면서 밥벌이하기'란 현실적으로 거의 불가능하기 때문이다. '일은 일'일 뿐이다. '잘' 하거나 '못' 하거나 둘 중의 하나다.

자존감 때문에라도 맡은 일은 잘 하고 싶지 않던가? 광고·마케팅·브랜딩·세일즈·커뮤니케이션·PR…. 이런 직종의 특징은 '일을 제대로 잘 하려면 끊임없이 공부할 수밖에 없다는 것'이라고 나는 생각해 왔다. 이런 처지에 있는 분들에게 도움이 되는 얘기를 하고 싶었다. 이 분야에서 일하는 것을 준비하는 분들에게도 어떻게 공부하면 좋을지를 잔소리하고 싶었다.

마케팅과 브랜딩 관련 분야에서 일을 잘 하기 위해서는 '무엇을 지향하고 어떤 역량을 갖춰야 하는지'가 이 책의 내용이다.

지향점은 레인메이커(Rainmaker)여야 한다. 기우사(祈雨士)에서 유래한 레인메이커는 이제 경영·마케팅·세일즈 등 비즈니스 모든 분야에서 쓰이는 말이 됐다. '회사에 큰 성과를 가져와야 하는 사람' '문제를 발견하고 해결책을 제시하는 것을 업으로 삼는 모든 사람'은 레인메이커가 돼야 한다.

경영자는 물론 마케팅 담당자나 브랜드매니저, 커뮤니케이션 담당자 심지어 고객사를 위해 일하는 대행사 사람들도 레인메이커 역할을 지향해야 한다. '차이를 만들어 내는 사람' 모두가 레인메이커다. 기업의 성공을 위해 이전과는 다른 결과를 만들어 내려고 전력투구하는 모든 사람이 레인메이커인 것이다. 대기업·중소기업·스타트업 등 규모는 상관없다. 기업의 경영자이든 직원이든 위치도 관계없다. '우리가 하는 일이 우리를 나타낸다(We are what we do)'라는 생각에 동의하는 모든 사람은 레인메이커를 지향해야 한다.

레인메이커가 갖춰야 할 역량은 네 가지다.

- 문제를 도출하고 해결책을 제시하는 플래너 역량
- 유리하게 싸울 줄 아는 전략가 역량
- 진심어린 브랜딩을 지향하는 브랜드 챔피언 역량
- 마케팅 원칙을 고수하는 마케터 역량

최소량의 법칙(Law of Minimum)은 레인메이커에게도 적용된다. 최소량의 법칙은 1843년 독일의 리비히(Justus Freiherr von Liebig, 1803~1873)가 주장한 법칙이다. 식물이 생장하는 데에는 일정한 양의 원소나 영양분이 필요한데 만일 어떤 원소가 식물 안에 최소량 이하로 존재한다면 다른 원소가 아무리 많아도 그 식물은 생장할 수 없다. 즉 가장 소량으로 존재하는 것이 그 식물의 생장을 결정하게 된다는 것이다. 최소량의 법칙은 시각화돼 '물통의 법칙'으로 설명되기도 한다. 몇 개의 나무판을 잇대어 만든 물통에 물을 담을 때, 물의 높이는 제일 짧은 나무판의 길이와 같게 된다는 것이다. 물의 높이는 모든 나무판 길이의 평균이 아니다. 회의도 가장 늦게 들어온 사람에 의해 시작된다.

밴드의 음악수준은 가장 실력이 낮은 플레이어의 수준으로 결정되기 마련이다.

레인메이커가 갖춰야 할 네 가지 역량도 '최소량의 법칙'에서 벗어나지 않는다. 플래닝 · 전략 · 브랜딩 · 마케팅의 네 가지 역량 중 가장 수준 낮은 역량에 맞춰 레인메이커의 수준도 정해질 것이다. 하나를 게을리해 전체

수준을 낮추지는 않아야겠다.

'가슴이 뛰는 일을 하라'는 충고가 유행이다. 가슴이 뛰는 '일'을 하라고? 일이다. 일상적으로 수행하는 일에서 어떻게 늘 가슴이 뛸 수 있겠나? 가슴 뛰게 하던 사람도 몇 달 지나면 덤덤해 지는 것이 사람이거늘….

"결혼한 지 5년 됐는데 난 아직도 상대방을 보면 가슴이 뛰어요." 이런 말을 하는 사람도 있긴 하다. 그거 거짓말이다. 정말로 그렇다면 정신병이다.

레인메이커의 각오는 이래야 한다. (일을 하면서 내 가슴이 안 뛰더라도) '난 내가 한 일, 그 일의 결과로 다른 사람들의 가슴을 뛰게 하겠다!'

이 책을 읽고 레인메이커가 될 것이라는 희망섞인 기대에 가슴이 뛰게 되는 분이 많기를 소망할 뿐이다.

"자신감을 가진다는 것은 자신의 사소한 경험을 이 세상에 알려야 할 중요한 지식으로 여긴다는 것"이라고 황현산 선생이 얘기했다. 이 말에 용기 얻어 내가 공부하고 경험한 것을 감히 책으로 펴냈다. 경영자는 경영 레인메이커, 마케터는 마케팅 레인메이커, 브랜드매니저는 브랜딩 레인메이커가 되기를 바란다.

레인메이커로 향하는 여정에 오르려는 모든 분들의 건투를 빈다!

_ 황부영

차 례

PART 1
기획, 문제해결의 기술

PART 3

마케팅, 원칙의 싸움

Part 1

기획,
문제해결의 기술

**"If you do not know how to ask the right question, you
discover nothing."**

-William Edwards Deming
(October 14, 1900 - December 20, 1993)
American statistician, professor, author, lecturer and consultant

01

레인메이커를
향하여

레인메이커(Rainmaker)는 '비를 부르는 사람'이란 말이다. 미국 인디언들로부터 유래된 것으로, 기우제를 지내는 기우사를 뜻한다.

비가 절절히 필요할 때 하늘에 제사를 올려 단비를 청하는 사람이다. 속까지 타 들어가는 여름 가뭄 때 이들은 들판에 홀로 나가 열정적으로 춤추고 노래하며 비를 기원했다.

부족의 다른 사람들이 보기에 레인메이커의 이런 행동은 구름을 끌어 모으고 생명의 단비를 내려주게 만드는 마법과도 같았을 것이다.

레인메이커가 기우제를 지내면 반드시 비가 왔다고 한다. 비가 올 때까지 멈추지 않고 기우제를 지냈으니까. 성공의 공식과도 같은 거다. 성공의 공식? 간단하다. '성공할 때까지 계속 실패'하는 것이다.

기우사에서 유래한 레인메이커란 말은 이제 경영 · 마케팅 · 세일즈 등 비즈니스의 모든 분야에서 쓰이는 말이 됐다. 회사에 새로운 비즈니스 기회를 가져다주는 사람, 고객을 끌어오고 고객에게서 더 많은 수익을 창출해 내는 사람을 '레인메이커'라고 부른다.

레인메이커는 높은 매출 실적을 올리고 기업에 우량 고객을 끌어들인다. 그렇다. 레인메이커에서 '레인'은 '돈'을 의미하는 것이다.

하지만 레인메이커란 말이 수익을 많이 가져다준다는 결과에만 주목하는 표현은 아니다. 이 말은 좀 더 확장된 의미로도 쓰인다. 문제를 해결해서 돌파구를 만들어 주는 사람을 칭하는 말로도 쓰이게 된 것이다.

레인메이커는 숨어 있는 문제를 발견해서 그 문제가 해결되고 나면 어떻게 변할지 비전을 제시하고 조직을 한 방향으로 뛸 수 있게 만드는 사람이기도 하다. 기업의 난제를 해결해서 돌파구를 제시하고 그래서 조직성장의 모멘텀*을 만드는 모든 사람이 레인메이커다.

회사에 놀라운 성과를 가져오는 존재는 모두 레인메이커다. 즉, 레인메이커는 '당면한 시급한 문제를 해결하여 기업에 이익의 단비를 내리게 하는 존재'다.

레인메이커는 시급한 문제(가뭄)를 해결해 성과(농작물 수확)를 가져오는 모든 사람이다.

---

* Momentum. 원래 물리학 용어로 운동량 또는 가속도를 의미하지만 다른 방향이나 상태로 바뀌거나 바꾸는 극적인 장면을 일컫는 말로 쓰인다.

차이를 만드는 사람

누가 레인메이커가 되어야 하는가? 회사에 큰 성과를 가져와야 하는 사람, 문제를 발견하고 해결책을 제시하는 것을 업으로 삼는 모든 사람은 레인메이커가 되어야 한다. 따라서 경영자는 물론이고 기업의 마케팅담당자나 브랜드매니저, 커뮤니케이션 담당자 모두는 레인메이커를 지향해야 한다. 기업 내의 세일즈 담당자, 소비자 담당자 또한 레인메이커가 되어야 하며, 고객사를 위해 일하는 대행사 사람들도 레인메이커 역할을 지향해야 한다.

계약을 먼저 따오는 세일즈맨부터 제품생산에 혁신적인 방법을 찾아내는 엔지니어에 이르기까지, 레인메이커는 '차이를 만들어 내는 사람' 모두가 된다. 기업의 성공을 위해 힘껏 일하고 이전과는 다른 결과를 만들어 내는 모든 사람이 레인메이커인 것이다.

대기업 · 중소기업 · 스타트업, 규모는 상관없다. 기업의 경영자이든 직원이든 위치도 관계없다. '일 하고 월급 받는 일'이 호구지책일 뿐, '나의 성장과 상관없다'고 생각하는 '좀비 월급쟁이'를 빼고는 모두가 지향해야 한다.

'우리가 하는 일이 우리를 나타낸다(We are what we do)'라는 생각에 동의하는 모든 사람은 레인메이커가 돼야 한다.

경영자는 경영 레인메이커가 돼야 하고 마케팅 담당자는 마케팅 레인메이커가 돼야 하며 브랜드 매니저는 브랜딩 레인메이커가 돼야 한다.

마케터, 그 존재의 이유

'레종 데트르(raison d'être)*'란 말이 있다. '존재의 이유(Reason for Being)'
란 뜻이다. 기업이나 브랜드의 미션을 나타내는 표현으로도 많이 쓰
이는 말이다. 경영자, 마케팅관련 담당자, 세일즈관련 담당자 심지어
대행사에서 일하는 전문가의 '레종 데트르', 존재이유는 무엇인가?

다르게 물어보면 이런 질문이 된다. '경영자를 비롯해 회사의 성공
에 책임이 있는 모든 사람들의 핵심적인 미션은 무엇이 돼야 하는가?'
레인메이커야말로 이들의 존재이유가 돼야 한다. 레인메이커는 특히
마케터의 지향점을 적절히 나타낸 말이다.

마케터는 마케팅 레인메이커가 돼야 한다. 조직이나 기업에서 문제
를 해결해서 성과를 이뤄낼 수 있게 하는 존재, 마케팅 레인메이커가
되는 것이 마케터의 '레종 데트르'다.

마케터는 '마케팅 마인드'를 가지고 '마케팅 중심의 사고'를 하는 모
든 사람을 뜻한다. 좁게는 마케팅 관련 부서에서 마케팅을 업으로 삼
는 사람들을 마케터라 부른다.

마케터는 많이 오해 받는다. 마케터는 '쉬운 얘기를 어렵게 하는 사
람들'로 여겨지고 있으며 '수치와 데이터로만 판단하는 꽉 막힌 사람

---

* 존재의 이유란 뜻으로 독일의 철학자 라이프니츠(Gottfried Wilhelm Leibniz)가 최초로 주장한 것으
로 알려져 있다.

들'로 여겨지기도 한다. 때로는 '선문답 같은 얘기를 하는 알 수 없는 인간들'로 치부되기도 한다.

왜 이렇게 된 것일까? 마케팅과 마케터에 대한 개념이 정립돼 있지 않은 현실도 하나의 이유가 된다. 그러나 더 본원적인 이유는 마케터 자신에게 있다. 특히 마케터의 태도 때문이다. 마케팅은 과학적이어야 한다는 강박관념 때문에 오로지 데이터만을 믿는 계량화 중심의 태도가 오해를 부른다. 또 모든 상황에 '전략'이라는 말을 기어이 붙이고야 마는 전략가 연하는 자세 때문에도 오해 받게 된다.

물론 이러한 태도가 마케터의 역할을 수행하는데 있어 불필요한 것은 아니다. 단지 그러한 태도가 마케팅을 하는 사람의 모든 측면을 대표하는 것으로 여겨져서는 안 된다는 것이다. 마케터의 본질은 그것이 아니기 때문이다.

마케팅은 시장을 잘 듣고, 소비자들이 우리가 열심히 듣고 있음을 알게 하는 것이다. 마케터는 따라서 '잘 듣는' 사람이어야 한다. 고객이 큰 소리로 외쳐대는 요구는 물론 시장과 소비자가 드러내놓고 말하지 않는 것까지 들어야 하는 것이 마케터의 책무다.

마케터는 기업 내부의 문제도 잘 듣는 사람이어야 한다. 마케터는 시장과 기업의 소리를 잘 듣고 문제와 문제점을 파악해 해결책을 제시하는 사람이어야 하는 것이다. 설령 그 해결책이 데이터와 수치로 뒷받침되기 어려운 경우가 생기더라도, 거창하게 '무슨, 무슨 전략'이란 말을 붙일 수 없는 상황이 되더라도 상관없다.

보기에 좀 멋지지 않으면 어떤가? 문제를 명확화하고 적절한 답을 줄 수 있다면 마케터의 책무는 다 한 것이다. 말이 쉽지, 쉬운 일을 하는 사람은 아니다.

마케터의 궁극적인 가치는 '마케터에게 의논하면 답이 나오는 것 같다'는 확신을 조직 내·외부에 심어 주는 것에 있다. 바로, 문제해결자로 자리매김하는 것이다.

가뭄이 들면 단비를 내리게 하는 인디언 부족의 레인메이커처럼 뛰어난 기획과 능력으로 문제를 어떻게든 해결해서 조직의 성장에 단비를 내리게 만드는 사람이 문제해결자인 마케터인 것이다.

02

기획의 본질은
문제해결

마케터는 문제해결자, 플래너

어떤 분야든 기획은 있다. 기획서를 직접 작성하거나 평가하는 경우는 무수히 많다. 내가 직접 쓰거나 리뷰를 하지 않더라도 적어도 기획 과정에 참여하는 경우는 분명 있을 것이다. 전략기획, 마케팅기획, 광고기획 등 기획의 쓰임새는 많고도 많다. 이렇게 자주 쓰는 말인데도 우리는 기획이 무엇인지 생각해 본 적은 많지 않다. 기획(혹은 플래닝)이란 말은 정확히 무엇을 의미하는가? 어떤 것을 하는 것이 기획을 하는 것인가?

비슷한 말로 계획이 있다. 기획은 계획과는 다르다. 기획은 계획보다는 좀 더 정교한 일이다. 계획은 '확보된 조건을 활용하여 잘 하려는 노력'이다.

	기획	계획
정의	일의 내용 자체와 체계를 결정해 가는 그 과정까지 포함하는 광의의 개념(문제 해결을 위해 지금까지 없었던 새로운 아이디어)	일의 내용이나 체계가 결정돼 있는 상황에서 그것을 어떻게 실시할 것인가(기존 체계가 결정돼 있는 경우)
중점사항	무엇을 어떻게 할까	어떻게 할까
과정	창조적, 논리적, 현실적 과정	현실적, 논리적 과정
예	광고기획, 마케팅기획	매체계획

기획은 '잘 하기 위해서 무엇을 먼저 해결할 것이며 그때 확보된 자원을 어떤 식으로 활용할까를 구체화하는 노력'이다. 한 마디로, 계획은 '있는 것을 어떻게 하면 잘 할까?'를 궁리하는 것이고 기획은 '잘 하기 위해 우선 무엇을 어떻게 해야 하는가?'를 정리하는 것이다. 기획이 전략이라면 계획은 전술이다. 기획이 'Doing the right things(옳은 일을 하는 것)'에 관한 것이면 계획은 'Doing things right(일을 제대로 하는 것)'에 해당 한다. 기획이 'What + How to do'라면 계획은 'How to do'가 된다. 기획은 '구체적인 목표 + 현실적인 계획'으로 구성되는 것이다. 기획이야말로 문제해결자가 되기 위해 필요한 모든 요건들의 총합이 되는 행위다. 문제해결자가 된다는 것은 탁월한 기획자(Planner)가 된다는 얘기다. 개념을 명확히 규정(조작적 정의)하는 능력, 문제와 문제점을 구분 하고 핵심적인 문제점 하나로 보여주고 설득하는 능력 등 문제해결자가 되기 위해 필요한 모든 요건이 기획에 들어 있다. 기획은 문제해결이고 기획서는 문제해결자의 대안을 담은 문서가 된다.

기획은 '문제를 명확히 밝히고 특정 문제를 해결하기 위해 목표를 설정하고 그 목표를 실현시키기 위해 하는 활동에 대한 제안 내용 그

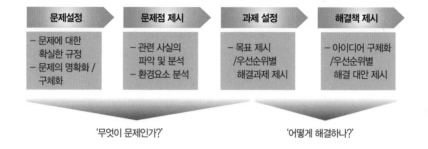

문제설정	문제점 제시	과제 설정	해결책 제시
– 문제에 대한 확실한 규정 – 문제의 명확화 / 구체화	– 관련 사실의 파악 및 분석 – 환경요소 분석	– 목표 제시 /우선순위별 해결과제 제시	– 아이디어 구체화 /우선순위별 해결 대안 제시

'무엇이 문제인가?'　　　　　'어떻게 해결하나?'

리고 그 제안을 정리하는 과정까지의 모든 작업'이 된다. 따라서 기획서에는 해결해야 할 문제와 그 문제에 대한 해결책이 반드시 들어 있어야 한다.

어떤 기획서든 '문제의 도출과정' '목표(과제)의 설정과정' 그리고 '목표의 달성을 위한 전략(해결책)'의 세 부분은 공통적으로 들어가 있다. 다시 말해 'Where are we?(현재 상황, 문제는 무엇인가: 문제의 도출)'→ 'Where we should go?(가야 할 목표는 어디인가: 과제의 설정)'→ 'How we get there?(어떻게 목표에 갈 수 있는가: 해결책 제시)'의 3단계로 기획서는 구성된다. 기획서의 결론은 물론 'How we get there(목표달성을 위한 해결책 제시)'이다. 해결책이 기획서의 하이라이트가 되는 것이다.

● 틀을 벗어난 창조적 사고

목표를 설정하고 그 목표를 달성하기 위한 방향성을 설정하고 그 방향성을 달성하기 위해 최적화된 방법을 찾아내는 것이 기획이다. 가용한 자원의 제약 속에서도 '얼마나 해결책이 창의적인가'가 기획서의 가치를 결정짓게 된다.

해결책이 기획서의 거의 전부인 셈이다. 해결책이 창조적일수록 효율성이 높아진다. '창조적'이란 말은 '비현실적'이라는 뜻이 결코 아니다. 관습에 얽매이지 않는 사고방식, 문제를 해결할 수만 있다면 그무엇이든 괜찮다는 열린 자세에서 도출되는 아이디어에 바탕을 둔 해결책이 창조적인 해결책이다.

어릴 적 어린이 잡지에서 봤던 퀴즈다. 우리가 알게 모르게 얼마나틀 속에서 생각을 제한하고 있는지를 깨닫게 하는 용도로 새겨 볼 만한 퀴즈다. 문제는 간단하다. 직선 4개를 이어 그려서 9개의 점을 끊어지지 않게 연결하는 문제다.

답은 알고 나면 간단하다. 문제는 이런 거다. 나이가 많을수록 또 많이 배울수록 답을 잘못 맞힌다는 거다. 대부분 직선을 하나 긋고 나서다음 직선을 그릴 때 머뭇거린다. 아무도 바깥에 찍혀있는 점의 밖으로 나가지 못 한다. 누구도 바깥의 점들이 벗어나서는 안 되는 틀이라고 하지 않았는데도 말이다. 해결책을 제시하려면 이처럼 틀을 넘어서는 사고, 스스로 정한 한계에 얽매이지 않으려는 자유로운 사고가필요하다.

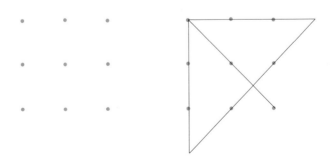

무엇을 결정할지부터 먼저 정한다

'문제를 발견하지 못 하는 것이 가장 큰 문제'라는 말이 있다. 'Meta decision making(메타 의사결정)'이란 말도 있다. 'Meta'가 '한 단계 높은·전의' 정도의 뜻이 되니까 메타 의사결정은 '보통의 의사결정보다 한 단계 높은 혹은 한 단계전의 의사결정'을 뜻한다. 결정하기 전에 내리는 결정, 결정에 대한 결정(Decision about deciding)이다. 의사결정을 다트게임으로 생각해 보자. 사람들이 의사결정시 서로 다른 기준을 가지고 있다? 그건 사람들의 과녁이 제각각이란 얘기다. 다트를 다 다른 방향으로 던지는 것과 같은 것이다. 사람들이 의사결정의 기준에 동의한다는 것은 맞춰야 하는 과녁이 어디인지를 공유하고 같은 과녁을 향해 다트를 던지게 된다는 얘기다.

소비자의 의사결정 과정을 예로 들어 보자. 과정 중에 대안 평가 단계가 있다. 소비자가 구매고려 상표 중에서 무엇을 살지를 정할 때 어떤 식으로 각각의 대안을 평가하는가를 설명하는 것이다. 사야 할 상표를 어떻게 고르는가에 관한 얘기다. 이때 소비자는 '내가 어떻게 고를지 그 방법을 먼저 정하는' 의사결정이 필요해 진다. 메타 의사결정은 간단히 말하면 '대안을 결정하기 전에 기준을 합의하는 것(Agreeing on the criteria before discussing the alternatives)'이다.

'회의(會議)에 회의(懷疑)'를 품게 될 정도로 영양가 없는 회의는 차고 넘친다. 이유는 간단하다. 회의에서 무엇을 결정할지를 결정하는 메타 의사결정이 사전에 이뤄지지 않았기 때문이다. 메타 의사결정이란 '전체 의사결정 과정에 걸쳐 요구되는 실질적인 결정을 어떻게 내릴까를 결정하는 것(The decision on how to make the practical decisions required throughout the whole decision process)'이다. 문제를 찾아내고 해결책이 포괄된 전략을 수립, 집행함으로써 기업에 수익의 단비를 내려야 하는 것이 레인메이커의 역할이다. 해결해야 할 문제를 제대로 찾아내는 것은 전략수립의 선행조건이다. '무엇이 문제인지를 제대로 찾아내는 것'은 전략 수립과 집행을 제대로 하기 위해 필요한 메타 의사결정의 핵심이다. 서양속담이 맞다. 'Doing the right things is more important than doing things right(제대로 된 맞는 일을 하는 것이 일을 제대로 해내는 것보다 중요하다).'

조작적 정의로 명료하게 규정한다

당신이 마케팅기획안을 설명한다. 이러 저러한 것을 하자고 제안한다. 채 다 듣지도 않고 디렉터가 당신에게 묻는다. "마케팅이 뭐라고 생각하나요?"

"브랜드 충성도를 제고하기 위해 내년에는 이러 이러한 일을 하는 것이 어떻겠냐?"고 당신이 제안한다. 클라이언트가 웃으며 되묻는다.

"그게 브랜드 충성도를 높이는 방법인가요?"

당신에 대한 신뢰도가 바닥을 치고 있는 상황이 아니라면 이런 일이 생기는 이유는 간단하다. 당신과 상대가 서로 잘 알고 있다고 생각하기에 그래서 특별히 따로 규정하지 않았던 용어들(마케팅, 브랜드 충성도 등)에 대한 정의가 서로 다르기 때문인 거다. 섭씨 0도는 '물이 얼음이 되기 시작하는 온도'라고 정의된다. 그 누구도 이 정의를 부인하지 못한다. 하지만 일상생활에서는 이처럼 명쾌하게 정의되지 않는 개념이 다반사다. 많은 경우 정의의 불일치에서 오해가 생기게 된다. 자연과학에서처럼 명쾌하게 현상을 정의하지 못하는 것에서 오해가 야기되는 경우가 많다는 것이다.

사회과학인 마케팅도 이러한 문제를 자주 보여 준다. 문제 해결자의 역할을 수행하려는 마케터라면 여기에 주목해야 한다. 개념에 대한 정의를 명쾌하게 내리고 그 정의에 맞춰 이후의 일이 진행될 수 있도록 해야 한다. '광고효과'라는 말은 어렵지 않은 말이다. 그렇다고 그 말을 쓰는 사람들이 같은 의미로 그 말을 쓰는 것일까? 절대 그렇지 않다. 발신자와 수신자가 의미를 명확히 공유하지 않은 채로 일을 하는 것은 위험한 결과를 초래할 수 있다.

'광고효과'라는 말을 쓴다고 해도 광고주는 그것을 '얼마나 매출이 올랐는가'라고 나름대로 정의할 수 있다. 반면 광고대행사는 '얼마나 인지도가 올랐는가'를 광고효과로 정의할 수도 있다. 각자 다른 정의를 품은 상태로 광고를 집행했다고 상정해 보자. '효과가 없다'는 광고주와 '효과가 있었다'는 대행사간의 입장 충돌이 생길 것은 뻔하다.

실제로 흔히 있는 일인데, 이렇게 서로 정의가 다르다면 당연히 그 후의 문제 해결로 이어지기는 어렵게 된다. 발신자와 수신자간에 공통적인 개념으로 정의를 규정짓고 일에 착수해야만 이러한 곤혹스러운 상황을 벗어날 수 있게 된다.

정의는 명쾌해야 하지만 그것은 필요조건일 뿐이다. 중요한 것은 정의가 '측정의 방향성이나 방법론'을 내포하고 있어야 한다는 것이다.

섭씨 0도가 '물이 얼음이 되기 시작하는 온도'로 정의되면 그것을 측정하기 위해서는 실제로 물이 얼음이 되는 순간을 포착하면 된다.

상표충성도(Brand Loyalty)를 '특정상표에 대해 가지는 지속적인 호감 혹은 반복적인 구매성향'이라고 정의한 경우를 보자. 만일 내가 특정 상표를 10년이 넘도록 좋아했지만 이런 저런 이유로 다른 상표를 그동안 쭉 사왔다면 어떻게 되는 것일까? 난 그 특정상표에 대해 상표 충성도를 가진 것인가? 그렇지 않은 것인가? 이런 경우라면 최소한 '지속적인 호감'과 '반복구매 성향' 중 하나로 좁혀 상표충성도의 정의로 채택해야 될 것이다. 마케터라면 명쾌한 측정기준을 세우기 위해서라도 서로가 동의하는 정의부터 정리해야 한다. 발신자와 수신자간에 공유하는 공통적인 기준이 적용된 개념으로 정의를 규정해야 한다. 조작적 정의(Operational Definition)를 명확히 해야 한다.

표준국어대사전에는 이렇게 설명돼 있다. '조작적 정의는 사물 또는 현상을 객관적이고 경험적으로 기술하기 위한 정의다. 대개는 수량화할 수 있는 내용으로 만들어진다.'

조작적 정의는 자연과학에서의 정의처럼 누구도 부인 못할 보편적 법칙(Universal Law)은 아니지만 함께 일을 하는 사람들 간에 '이것은 이러 이러한 것을 뜻하며 이런 식으로 측정이 될 수 있다'고 공유하는 정의다.

조작적 정의에서 '조작'이라는 말은 무엇을 꾸민다는 음모의 의미를 지닌 말이 아니라 작동할 수 있도록 한다는 뜻, 측정할 수 있게 된다는 뜻으로 쓰인 것이다. 그저 일본식 번역을 그대로 가져온 것일 뿐이다. 뭔가를 조작한다는 부정적 의미는 아니다.

● 벚꽃은 언제 피는가? - 벚꽃 개화시기의 조작적 정의

매년 봄이 되면 우리는 언제가 벚꽃 개화시기인지에 대한 뉴스를 어김없이 듣는다. 우리 동네에 벚꽃은 아직 피지도 않았는데 벚꽃 개화일이 이미 된 적도 있고 학교에 있는 벚꽃은 이미 흐드러지게 피었는데도 아직 개화일이 되지 않은 경우도 있다. 벚꽃 개화일의 정의는 무엇일까? 개화라고 하면 보통 꽃봉오리가 피었을 때를 말하지만 그 정도를 정확하게 정의하기에 애매한 부분이 있다. 벚꽃과 같이 한 개체에 많은 꽃이 피는 다화성 식물은 한 개체 중 세 송이 이상 완전히 피었을 때를 기상청에서는 개화일로 규정한다. 측정 가능해야 제대로 된 정의가 된다. 그래서 기상청은 여의도 윤중로 벚나무 군락단지에 관측표준목을 지정, 관측하고 있다. 매년 벚꽃이 만발하는 여의도의 많은 벚나무 중 국회 북문 동문 건너 벚꽃 군락지 내 영등포구청 수목관리번호 118~120번 벚나무가 바로 측정의 기준이 되는 것이다. 벚꽃 개화시기마저도 명확한 정의에 따라 발표되는 것이다. 명쾌한 기준(한 개체 중 세 송이 이상 완전히 피었을 때)과 측정 가능성(관측표준목의 상태를 보고 결정)이라는 조작적 정의의 요건을 충족하고 있는 것이다.

　마케팅의 정의도 주장하는 사람의 수만큼 많을 수 있다. 하지만 실무에 적용할 경우, 1985년 미국마케팅협회가 내린 정의가 가장 많이 쓰인다. 이유는 간단하다. 명쾌할 뿐 아니라 측정의 방향, 방법까지도 명확히 규정돼 있기 때문이다. 조작적 정의로 가장 걸맞은 정의이기 때문이다. 그 정의는 이렇다. '개인과 조직의 목표를 만족시키는 교환을 창출하기 위해 제품·서비스의 가격, 촉진 및 유통을 계획하고 실행하는 과정.'

　마케팅을 펼치는 방법은 4P(Product-제품, Price-가격, Promotion-촉진, Place- 유통)이고 잘 되었는지를 측정하는 것도 4P가 잘 됐는지를 살펴보면 된다는 말이다. 〈그림〉에서 보듯 시장의 변화, 사회의 요구에 따

〈그림〉 시대별 마케팅에 관한 정의

1960년	제품과 서비스를 생산자로부터 소비자 또는 사용자에게 흐르도록 하는 기업활동의 수행 ⇨대량 생산 - 대량 판매의 시기를 반영, 상품이나 서비스의 흐름을 강조
1985년	개인과 조직의 목표를 만족시키는 교환을 창출하기 위해 제품, 서비스의 가격, 촉진 및 유통을 계획하고 실행하는 과정 ⇨고객의 욕구와 필요를 잘 파악해 경쟁력을 갖기 위해 4P 믹스 설계, 실행
2004년	조직 및 이해 당사자들에게 이득을 주도록, 고객가치를 창조하고, 알리고, 전달하며 고객 관계 관리를 수행하기 위한 조직체의 기능이면서 일련의 과정 ⇨고객가치와 고객관계관리(CRM)
2007년	고객과 의뢰인, 파트너, 그리고 사회에 가치 있는 제공물을 창출하고 알리며 제공하고 교환하기 위한 일련의 행동이며, 제도이고 과정

라 미국마케팅협회의 마케팅에 관한 정의도 시대별로 바뀌어 온 것도 사실이다.

명쾌함과 측정가능성의 기준에 따라 각각의 정의를 평가해보자. 답은 명확하다. 1985년의 정의가 답이다.

레인메이커라면 개념의 명쾌한 규정으로 관련자의 오해를 없앨 수 있도록 하는 작업이 어떤 일을 하게 되던 우선시돼야 함을 유념하자.

자연과학에서 제시되는, 보편적 법칙이 담긴 개념 외 모든 정의는 조작적 정의여야 함을 기억하자. 누군가 당신에게 '직원들의 사기(士氣)를 높여야 합니다'라고 얘기했다고 치자. 당신은 '알았다'고 동의하기 전에 이렇게 물어봐야 한다. "사기는 무엇을 뜻하는 거죠? 사기가 높아졌다는 것은 어떤 식으로 측정하면 되는 건가요?"라고. 이제 다음 문장의 (   )안에 들어갈 말로 알맞은 것은 무엇일지 생각해보자.

'정의가 측정의 방향성 · 방법론을 포함하지 못 하면 그것은 (   )이다!'
– 정답은 '사기(詐欺)'이다.

기획에 대한 생각법 3
문제와 문제점은 전혀 다르다

"당신은 늘 틀린 질문을 하니까 틀린 답을 찾을 수밖에 없는 거야. 왜 내가 당신을 15년 동안 가둬놨냐고 물을 게 아니라, 내가 15년 만

에 당신을 왜 풀어줬을까를 질
문해야지."

영화 『올드보이』에 나오는 유
명한 대사다. 질문이 올바른 것
이어야 답도 거기에 맞춰 나타
나는 법이다.

문제해결이란 상황을 돌파하

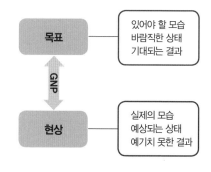

〈그림〉 문제는 목표와 현상의 엇갈림

는 최적의 답, 기업의 제약상황까지 고려한 최선의 답을 찾는 것이다.
올바른 질문을 던진다는 것은 문제가 무엇인지를 정확하게 파악한다
는 말이 된다. '문제'란 무엇인가? 좀 더 엄밀히 묻자. 문제의 조작적
정의는 어떤 것인가? 문제란 '목표와 현상(現狀, staus quo)의 엇갈림'이
라고 정의 할 수 있다. 목표는 있어야 할 모습, 바람직한 상태 혹은 기
대되는 결과를 뜻하며 현상은 실제의 모습, 예상되는 상태 그리고 예
기치 못한 결과를 의미한다.

결국 문제란 이 두 가지 간의 간극이 된다. 하지만 마케터는 문제를
아는 것에서 그쳐서는 안 된다. 문제 자체만 알고 있다고 해서 해결책
이 자동으로 나오지는 않기 때문이다. 그렇기에 마케터는 이 맥락에
서 오히려 문제해결자로서의 가치를 입증하게도 된다. 문제는 누구라
도 나열할 수 있지만, 문제가 발생하는 원인을 정확히 규정하고 대책
을 세우는 능력은 플래너의 몫이기 때문이다. 그렇게 플래너는 플래
닝 레인메이커로서의 존재가치를 입증하게 된다.

우리는 문제라는 말과 문제점이라는 말을 거의 분간하지 않고 쓴다. 일상대화에서야 그게 문제가 되는 경우는 없다. 하지만 마케터에게는 문제와 문제점은 엄청나게 다른 개념이 돼야 한다. 그 구분이 문제해결의 출발점이 되기 때문이다. 문제는 바람직하지 않은 모습, 다양한 현상을 일컫는 말이다. 문제점은 문제 발생의 원인을 가리키는 말이다. 문제와 문제점은 서로 다른 개념이다. 따라서 마케터가 진정한 문제해결자가 되려면 '문제에서 문제점을 뽑아내는 능력'이 필수적이 된다. 쉬운 예를 들어보자. '난폭운전으로 전복사고가 발생했다'는 상황이 있다고 보자. 문제는 무엇이고 문제점은 무엇이 돼야 할까? 사고가 난 것이 문제가 되는 것이다. 바람직하지 않은 상태인 전복사고가 문제가 된다. 문제점은 바람직하지 않은 상태를 가져 온 원인이 되는 '난폭운전'으로 규정지을 수 있다. 만일 문제와 문제점을 구분하는 능력이 없다면 문제를 없애는 것이 해결책이라고 단순하게 결론 내리게 된다. '사고율을 낮추자'는 당연한 얘기를 해결책으로 제시할 지도 모른다. 이러한 식의 얘기를 해결책으로 제시 받는 경우가 얼마나 많은지 한번 돌이켜 보라. 문제점은 '난폭운전'이라고 명확히 뽑아내면 해결책도 당연히 구체화될 수 있게 된다. 요즘도 고속도로 휴게소에서는 '사고율 50% 낮추기' 캠페인을 볼 수 있다. 문제와 문제점을 구분하지 않고 문제를 줄이는 것을 해결책이라고 제시한 지성적이지 못한 캠페인이 아닐 수 없다. 가끔 그런 생각도 한다. "아예 죽지말자 캠페인을 벌이지 그래?"

문제는 하나이지만 문제점은 여러 가지인 경우도 있을 수 있다. '출

근길에 교통사고가 났다'는 문제상황을 상정해 보자. 그런데, 상황을 살펴보니

- 사고를 낸 운전자의 입에는 술 냄새가 났다
- 운전자가 면허를 취득한 지 채 1주일이 안 됐다
- 사고 지점 도로에 큰 구멍이 나 있었다
- 사고시간에 갑자기 폭우가 쏟아졌다

이 경우, 문제와 문제점은 어떻게 구분되고 거기에 따른 해결책은 무엇이 될 수 있겠는가? 이 사례에서 보듯 문제는 하나(교통사고 발생)이지만 문제점은 여러 가지가 겹쳐있는 경우가 많다. 하나가 아닌 여러 가지의 문제점이 도출되는 경우 레인메이커라면 어떻게 하는 것이 옳은 것일까? 마케터는 문제점을 '손 쓸 수 있는(Controllable) 원인'과 '손 쓸 수 없는(Uncontrollable) 원인'으로 구분해야 한다.

해결책을 정확히 제시해야 하므로 문제점을 '문제 발생의 원인이되 현실적으로 손을 쓸 수 있는 원인'으로 더 좁혀서 명쾌히 추출해야 하는 것이다. 사고 시간에 갑자기 폭우가 쏟아진 것도 문제점 중 하나가 되겠지만 그것은 '손 쓸 수 없는 원인'이다. 인력으로 손 쓸 수 없는 문제점을 보통 사람이 해결할 수는 없는 법, 그것은 해결가능한 문제점이 아니다.

● 집요하게 문제점을 캐보자 – 제퍼슨 기념관의 문제해결

『틀을 깨라』란 책(박종하 저)에는 문제에서 문제점을 도출하는 집요함
으로 문제해결에 성공한 사례가 소개돼 있다. 제퍼슨 기념관(Jefferson
Memorial)의 얘기다.

제퍼슨 기념관은 미국 제 3대 대통령 토머스 제퍼슨을 기념해 건립
된 기념물로 워싱턴 D.C.에 있다. 미국 국립 기념물로 지정돼 있기도
하다. 이 기념관은 돌로 된 외곽 벽이 심하게 부식되고 있어 유지보
수 작업이 불가피했다. 방문객들은 기념관에 대한 관리가 부실하여
그렇게 훼손된 것이라고 불만을 터뜨렸고, 그로 인해 기념관의 이미
지는 훼손됐다. 보수작업 요원들은 청결유지에 많은 시간을 소모하
고 있었고 따라서 청소 용역비 및 청소용 자재비용도 증가하고 있었
다. 원인을 파악하는 과정에서 뜻밖의 사실이 밝혀졌다. 관리 직원들
이 돌을 필요 이상으로 청소하기 때문에 오히려 부식이 더 일어나더
라는 것이다.

기념관 관장은 이렇게 물었다. "왜 청소를 자주 해야 합니까?" 이유
는 비둘기들이 떼 지어 몰려와 똥을 싸 놓고 가기 때문이었다.

관장은 또 질문을 던졌다. "그런데 비둘기들은 왜 몰려오는 겁니
까?" 이유는 거미를 잡아먹기 위해서였다.

관장은 또 한 번 질문했다. "왜 그렇게 거미가 많은 겁니까?"

나방 때문이었다. 나방이 많이 날아들어 나방을 먹고 사는 거미도

많이 몰려들었던 것이다.

출처: https://en.wikipedia.org/wiki/Jefferson_Memoria

관장은 또 물었다. "왜 그토록 많은 나방이 생기는 것일까요?"

알고 보니 해질녘 켜 놓은 기념관 불빛이 나방을 끌어 모았던 것이다.

연속적으로 질문을 던진 끝에 근본 문제(핵심 문제점)가 기념관의 불빛이라는 사실을 알아냈다. 자연스럽게 해결책도 찾을 수 있었다. 그 후 제퍼슨 기념관은 외곽 조명을 2시간 늦게 켰다. 나방이 모이는 시간대에 불을 켜지 않으니 나방이 날아들지 않았고, 자연히 거미도 없어지면서 비둘기 역시 몰려들지 않았다. 결국, 기념관 외곽 조명을 2시간 늦게 켜는 것이 기념관 벽의 부식을 막는 해결책이었다.

문제에서 문제점을 이끌어 내는 것이 얼마나 중요한 일인지 깨닫게 하는 사례다.

03

설득력 있는
기획

자신있어 보이면 유능하게 보인다

문제해결자의 원대한 계획도 창조적인 해결책도 다른 사람들로부터 인정을 받아야 현실화 될 수 있다. 플래너의 역할은 기획안을 설득하는 것에서 비로소 끝나게 된다. 설득은 플래너의 몫이다.

설득, 설득력? 자아효능감 혹은 자기효능감(Self-efficacy)이란 말로 풀어 보자. 자기효능감은 당면한 과제를 완수하고 목표에 도달할 수 있는 자신의 능력에 대한 스스로의 평가를 가리키는 말이다.

한국심리학회의 심리학용어사전에 따르면 자기효능감은 인간이 기울이는 노력의 모든 영역에 영향을 미친다고 한다. 여러 관점에서 연구돼 왔지만 과제를 완수하고 목표를 달성하는데 있어서 자신이 얼마만큼 확신을 가지고 있다고 스스로 지각하는지, 또 해결할 능력이 있다고 어느 정도 스스로 지각하는지에 따라 결과가 달라진다는 얘기라고 정리할 수 있다. 얼마나 자신을 믿는지(Perceived Confidence)와 자신의 능력이 어느 정도라고 여기는지(Perceived Competence)가 자기효능감을 설명하는 두 요인이라고 보면 된다.

나는 이 두 요인을 활용해서 조금 다른 뜻으로 사용하고 있다. '자신감이 있는 것으로 지각되면(Perceived Confidence) 능력도 있는 것으로 지각(Perceived Competence)된다'고 변용한다. '확신에 찬 것으로 보이면 능력도 있어 보이게 된다'고 설명한다.

누군가 확신에 찬 모습으로 얘기하는 것을 보면 훨씬 더 믿음이 가지 않던가? 이런 경향성은 레인메이커를 지향하는 사람들에게 중요한 시사점을 준다.

문제해결자를 지향하는 마케터는 해결책을 제시할 때 확신에 찬 것으로 보여야 한다. 그래야 제시하는 해결책이 주저 없이 채택될 수 있을 터이니 말이다. 물론 자신의 얘기에 확신이 있으려면 다른 누구보다 깊이 고민했고 많이 알고 있다는 자신감이 있어야만 할 것이다.

'나만큼 이 주제를 잘 아는 사람은 없다' '나 정도로 깊이 고민하고 많이 생각한 사람은 없다'는 자부심에서 자신감은 절로 나오게 된다.

생각은 귀납적으로, 설득은 연역적으로 한다

마케터는 여러 현상으로 드러나는 복잡한 문제도 '하나의 핵심문제점만 풀면 다 해결된다'고 단순하게 말 할 수 있어야 한다. 보면 믿게된다. 많은 경우 해결책을 단순하게 시각화해서 보여줄 때 설득력이배가된다. 자신감이 있어 보이니까 그리 되기 쉽다.

예를 들면 이런 것이다. 핵심적인 문제점을 도출하는 과정이 아무리복잡했어도 해결책은 단순 명료하게 보여 주는 것이다. 만일 핵심 문제점 하나가 모든 문제를 야기하는 것으로 보이는 '악순환 고리'를 그려서 보여 줄 수 있다면 최상이다. 귀납적으로 사고(여러 현상에서 하나의원칙을 도출)하되 연역적(하나의 이유 때문에 여러 현상이 발생하고 있다)으로보여주라는 얘기다. 보는 사람들로 하여금 '아, 이것만 해결하면 대부분의 문제가 사라질 수 있겠구나'하는 기대감을 줘야 한다. 아래 〈그림〉은 오래 전 조직활성화를 위한 조직진단의 결과를 표 하나로 보여준 사례다.

사실 내가 근무하던 곳의 문제를 분석한 결과였다. 현상으로 드러나는 여러 문제가 있고 그것을 집단화하고 원인에 해당하는 문제점을도출했지만 해결책을 제시할 때는 여러 문제점을 하나로 응축시킨 핵심 문제점을 강조하고 싶었다. 당면한 모든 문제는 이 핵심 문제점 하나만 해결하면 대부분 정리될 수 있다는 확신을 심어주려고 했던 것이다. 가장 중차대한 핵심 문제점은 '목표의식의 부재'로 정의했다. 이런 핵심 문제점이 해결되지 않았기에 계속 악순환이 일어나고 있는 것으로 규정지었다. 그 이후 과정은 이 핵심 문제점이 다양한 현상(그러니까 문제)을 초래하는 것이라고 확신할 수 있도록 시각적으로 이해하기 쉽게 표현해 주면 되는 일이었다. 문제해결의 시작은 각각의 고리 중 첫 번째 고리를 끊는 대책을 내놓는 것이 되는 것이다.

'돈 되는 건 다한다'는 고리를 끊기 위한 대안은 '품위 있게 (   )법을 익히자'였다.

– 정답은? '굶는'이었다.

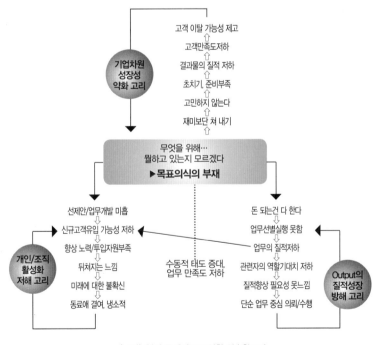

〈그림〉 핵심 문제점으로 인한 악순환고리

세상 모든 과제는 3종류밖에 없다

모든 현상은 유형화되면 해설하거나 대응책을 세울 때 효율성을 높이기 쉽다. 문제해결자인 레인메이커의 본분은 말 그대로 '문제를 풀어주는'데 있다. 하지만 마케터라고 어찌 모든 문제를 빠짐없이 구체적으로 해결해 줄 수 있겠는가? 우리가 접하는 다양한 문제들을 몇 가지 유형으로 나누고 각 유형별로 일정한 대응방향이 있음을 알려줘 해결책 모색을 빠르게 할 수 있도록 하는 것도 마케터의 역량이 된다. 이러한 유형의 문제는 '어떤 것을 명확히하면 풀 수 있다'고 얘기해 줄 수 있다면 그것으로도 존재가치는 충분히 발현된다는 것이다.

문제의 유형화는 기업의 의사결정자에게도 어려운 문제의 본질을 볼 수 있는 통찰력을 제시한다. 우리가 일상생활에서 맞닥뜨리는 문제는 물론이고 기업차원에서 수행해야 하는 과제 다음의 3가지 중의 하나로 유형화할 수 있다.

1. '이대로는 안 되겠다.' 현재형 문제/과제

기준을 일탈하거나 과제를 미달하여 생겨나는 문제들이다. 현재 발생하고 있거나 가까운 시기에 발생할 것이 확실한 문제를 뜻한다. 예를 들어 매출 목표가 미달됐다거나 이런 식으로 가면 목표 달성이 어렵다는 식의 문제를 말한다. 이러한 현재형 문제를 해결할 때 가장 중요한 것은 '원인'을 명확히 하는 것이다. 가장 자주 접하는 유형의 문제이며 특히 실무자들이 많이 부딪히는 유형의 문제다. 원인을 명확히 한다는 것? 문제점을 도출한다는 것이 된다.

2. '더 잘하고 싶다.' 개선형 문제/과제

방식을 개선하거나 체제를 강화시키려는 욕구에서 발생하는 문제들을 말한다. '지금은 잘 되고 있지만 더 잘 되기 위해서 무엇을 하면 좋을까'를 고민하는 그런 문제를 뜻한다. 대표적인 사례가 '현재보다 생산성을 높이려면 어떻게 해야 하는가' 등의 문제다. 이러한 개선형 문제를 해결하는 첫걸음은 '목표'를 명확히 하는 것이다.

'더 잘 되고 싶은데 어떻게 하면 좋겠냐'는 질문을 받을 때 레인메이커는 '얼마만큼 잘되고 싶은 것인지'를 되묻고 구체적인 목표를 측정 가능한 형태로 응답 받아야 한다. 그래야 그 정도 되려면 무엇을 얼마만큼 개선하고 어떤 것을 어느 정도 강화할지를 해결책으로 제시할 수 있게 되기 때문이다.

3. '아예 다른 것을 해야겠다.' 진화형 문제/과제

기업입장에서 기회를 개발하거나 위험을 회피하고자 할 때 발생하는 문제를 말한다. 예를 들면 '장래 어떤 분야로 우리 회사가 진출해야 하는가?'가 진화형 문제의 대표다. 'Doing the right things'에 대한 문제인 셈이다. 따라서 진화형 문제는 실무자보다는 의사결정자가 상대적으로 자주 접하게 되는 유형이다. 진화형 문제의 경우 '전제'를 명확히 하는 것으로부터 해결이 시작될 수 있다. 선행조건이 무엇인지를

〈그림〉 3가지 문제/과제 유형

현재형	• 매출목표 미달 – 이대로가면 미달…	기준을 **일탈**	**원인을** 명확히 한다
		과제 **미달성**	
개선형	• 현재보다 생산성을 높이려면	방법을 **개선**	**목표를** 명확히 한다
		체제를 **강화**	
진화형	• 장래 어떤 분야로 진출?	기준을 **개발**	**전제를** 명확히 한다
		위험을 **회피**	

정확히 규명하는 것이 진화형 문제를 해결하는 기본 접근법이다.

실제 경영자건 마케터건 기업에서 수행해야 하는 과제는 위의 3가지 유형 중 하나다. 우리가 풀어야 하는 문제가 '원인을 명확히 하는 것으로 해결되는 것인지' '목표나 전제를 명확히 함으로써 해결되는 것인지'만이라도 정리할 수 있게 되면 이미 문제해결자라는 고마움 섞인 칭송을 받게 될 것이다.

● 전제를 명확히 하다 – 영양군

산간오지 경북 영양군이 아시아 최초로 '국제 밤하늘 보호공원'으로 지정됐다.(2015년 11월 2일 중앙일보 기사, http://goo.gl/AL3Ji2) 국제밤하늘협회(IDA)는 2015년 9월 31일 인터넷 홈페이지(darksky.org)를 통해 "영양군 일대를 아시아의 첫 국제 밤하늘 보호공원으로 지정했다"고 발표했다.

국제밤하늘협회는 2일 영양군청에서 공식 지정서를 전달할 예정이다. 협회는 "영양군이 빛 공해나 인공조명으로부터 거의 영향을 받지 않는 양질의 밤하늘을 갖고 있음을 국제적으로 공인받은 것"이라고 설명했다.

영양군 수비면 자연생태공원에서 바라본 밤하늘.
출처: http://goo.gl/GnkzdR)

국제 밤하늘 보호공원은 지금까지 미국·영국·헝가리·독일·네덜란드 지역에 지정됐으며 영양군은 세계 여섯 번째이자 아시아에서는 첫 보호공원이 됐다.

협회는 "영양군은 수도 서울에서 자동차로 4시간 반이 걸리는 오지로, 한국과 같은 조명의 바다에서 가장 어두운 섬 같은 지역"이라고 소개했다. 그러면서 "영양군의 사례는 인구가 밀집돼 있는 동아시아의 밤하늘을 어떻게 보존할지 해법을 제시해 주는 좋은 모델이 될 것"이라고 덧붙였다. 정원길 국제밤하늘협회 한국본부장은 "영양군의 밤하늘은 전 세계 어디에 내놓아도 손색이 없을 정도"라며 "국제적인 힐링 명소로 떠오르는 계기를 마련했다는 점에서 의미가 크다"고 말했다.

영양군은 진화형 문제를 풀었다. '장래 어떤 분야로 진출할 것인가?'의 문제를 해결한 것이다. 영양군은 가까운 장래에 관광지가 돼 지역 발전을 도모하고자 했다. 기회를 개발하고 위험을 회피하는 것으로 문제를 해결해야 되는 상황이었다. 진화형 문제는 '전제'를 명확히 하는 것에서 해결이 시작된다. 영양군은 '보존'을 전제로 문제해결에 나섰다. 대부분의 지방자치단체들이 관광객 유치를 위해 뭐라도 하나 더 개발하는 것에 집중한 것과 달리 보존을 전제로 기회를 개발했던 것이다. 억지 개발이 가져다 줄 위험은 아예 회피했다. 관내에 제조업체도 전혀 없고 재정도 넉넉잖은 상황, '천혜의 밤하늘'이란 기존의 장점(기회)을 최대한 살리는 쪽으로 승부를 걸었다. 이번에 지정된 곳은 수하계곡이 지나는 3.93㎢ 지역으로 40가구에 주민 69명이 살고 있으며 주변에 자연생태공원과 생태숲이 조성돼 있다. 인공시설은 반딧불이 천문대와 청소년수련원이 전부다. 권영택 영양군수는 "별빛 생태지역으로 인정받으면 밤하늘을 보기 위한 체류형 관광객들을 유치할 수 있고 관내 청정 농산물의 인지도 또한 높아질 것이라고 판단했다"고 한다. 보존을 전제로 기회를 개발하여 진화형 문제를 해결한 모범사례다.

믿어라!
해결책은 반드시 있다

문제해결과 탐험에는 묘한 공통점이 있다. 모든 문제는 상황 A에서 B로 향하는 탐험이고, 모든 탐험은 지점 A에서 B로 이동하는, 해결해야 할 문제다. 문제를 해결하는 것은 출발점에서 시작해서 목적지에 이르는 여정과도 같다. 결국 관점이 중요하다.

문제는 기회의 동의어다. 문제를 '해결하는' 것과 기회를 '활용하는' 것은 한 상태에서 다른 상태로 옮겨가는 동일한 과정이다. 차이가 있다면 오직 그것을 바라보는 관점에 있다. 변화가 두려울 때 변화를 요구받으면 '문제'가 되겠지만, 변화를 원할 때 변화를 불러들인다면 그것은 '기회'가 된다.

레인메이커에게는 '문제는 아직 해결이 안 됐기에 문제이지 해결이 된다면 기회가 된다'는 긍정적 확신이 필요하다.

1. 해결책은 언제나 있다.

문제해결자는 모든 문제는 해결이 가능하다는 것을 믿어야 한다. 모든 문제에는 해결책이 있다는 신념을 가지고 현재보다는 반드시 더 좋아질 것이라 믿고 생각하고 행동해야 한다. 이것이 문제해결자에게 요구되는 가장 중요한 태도다. 반대로 레인메이커가 될 수 없는 패자들은 하나같이 "대책이 없다" "할 수 없다"라고 말한다.

도전하지 않으면 문제는 절대로 해결되지 않는다. 나이키(NIKE)의 필 나이트(Phil Knight) 회장은 "도전하지 않으면 성공했는지 아닌지조차 알 수가 없다"라는 명언을 남겼다.

'하려고 하면 방법이 보이고 하지 않으려고 하면 변명이 보인다'는 필리핀 속담을 명심하자.

2. 원인과 현상을 혼동하지 않는다.

많은 경우 결정적인 원인(문제점)은 하나 정도 있기 마련이다. 많은 문제가 있는 것처럼 보여도 하나의 문제점 때문에 여러 가지 모습의 다양한 문제로 나타나는 경우가 대부분이다. 문제와 문제점을 구분하지 못하면, 원인과 현상을 구별하지 않는 사람은 늘 '문제가 너무 많아서 해결할 수가 없다'는 이야기를 하게 된다. 현상 하나 하나에 일일이 대처한다면 그것이야말로 대책 없는 일이다. 원인을 포착하지 못하면 문제는 절대로 해결되지 않는 것이다.

어느 공장에서 아무리 철저하게 검사를 해도 5%의 불량품이 나온다는 문제가 있었다. 인력을 재배치해보고 근무시간을 바꾸기도 해보고 여러 조치를 취해봤어도 해결되지 않았다. 원인을 제대로 못 밝힌 것이다. 철저히 조사해 본 결과 생산 라인 위에 공기 배출구가 있었고, 그곳에서 떨어지는 먼지가 원인이라는 것을 알았다. 결국 공기 배출구를 다른 장소로 옮김으로써 문제는 간단하게 해결됐다. 잊지 말자. 원인은 대체로 하나로 집약되지만, 현상은 여러 곳에서 나타난다는 것을….

3. 항상 'What If…?'라고 되묻자.

영어 표현에 'What if…?'라는 것이 있다. 만약 상황이 이렇게 된다면 어떻게 되는 거냐고 묻는 말이다. 어떤 상황을 전제로 하거나 기정사실로 상정했을 때, 만일 그렇지 않다면 어떻게 되는 거냐고 되묻는 말이다. 휴일에 다 같이 피크닉 가자고 했을 때 '만일 비가 오면 어떻게 되는 겁니까?'라고 묻는 식이다. 그럴 리 없다고 확신하는 경우, 이런 질문은 사람들의 짜증을 불러일으킬 수도 있다. 하지만 정작 당일에 비가 오면 어떡할 것인가?

나는 이 표현이 문제해결자를 지향하는 레인메이커가 잊어서는 안되는 기본 태도를 잘 나타낸 것이라고 본다.

만약 답이 있다고 한다면 어떤 범위에 있는 것인지, 어떤 느낌의 것인가에 대해 다양하게 가설을 세워서 생각해 보는 습관이 필요하다.

'What If…?'라는 질문을 스스로에게 늘 던져 보는 것이다. 다양한 각도에서 생각해 보면서 직접적인 관련이 없는 것들은 버릴 수 있게 된다. 이러면서 원인의 범위도 좁혀간다. 그리고 이것일지도 모르겠다는 것이 발견되면 가설적인 해결책을 세워 보는 것이다. 전략 시나리오니 시나리오 경영 같은 것도 'What if…?'라고 스스로 물어 보는 태도에서 나온 개념이다.

목표달성에 몰입할 때 방법이 보인다

알고도 못 할 때가 있다. 알지만 할 수 없는 일도 많다. 문제해결을 위해 문제와 문제점을 명확히 도출했더라도 문제의 원인이 되는 문제점에 대해 현실적인 이유 때문에 도저히 손을 쓸 수 없는 경우도 왕왕 발생한다. 문제점을 알고도 손을 쓸 수 없는 현실적인 이유의 대부분은 자원의 제약이다. 이럴 때, 제약 때문에 문제점에 대해 손을 쓸 수 없을 때야말로 문제해결자인 레인메이커가 빛날 수 있는 시간임을 잊지 말자.

1. 획득 가능한 자원을 조합해서 해결한다.

『신화를 만든 정주영 리더십』에는 고 정주영 회장의 유명한 일화가 소개돼 있다. 1952년 미국의 새로운 대통령으로 선출된 아이젠하워는 한국 방문을 결정했다. 미군 관계자들은 속이 타들어갔다. 전쟁으로 많은 건물들이 파괴돼 대통령이 묵을 만한 숙소가 남아있지 않던 것이다. 하는 수 없이 운현궁을 임시 숙소로 사용하기로 하였는데, 이마저도 숙소로 사용하기 위해서는 화장실과 난방시설을 새로 설치해야만 했다. 그것도 보름 안에 공사를 마쳐야 했었다. 많은 건설 회사들이 거절했고 공사를 맡겠다고 나선 건설사는 정주영 전 회장이 설립한 현대건설이 유일했다. 정주영 전 회장은 모두가 불가능하다고 여겼던 공사를 그것도 약속된 날짜보다 사흘이나 앞당기며 성공적으로 마무리했다. 피난으로 비어있는 고물상과 빈집들을 일일이 찾아다니며 관련 장비를 구하고 하루 24시간을 매달린 끝에 공사를 끝마친 것이다. 문제점은 장비와 시간의 부족이었다. 정 전 회장은 이러한 문제점을 '활용가능한 장비의 획득과 연결' '투입시간의 극대화'로 해결해 냈다.

● 화성탐사선의 기발한 착륙방법

1997년 미국의 독립기념일인 7월 4일 화성탐사선 패스파인더(Pathfinder)가 화성 착륙에 성공했다. 패스파인더는 1996년 12월 미국 항공우주국(NASA)이 발사한 것으로, 무엇보다도 매우 독특한 착륙방법으로 당시 전 세계의 주목을 받았다. 패스파인더가 바이킹 1호(1975년 8월 20일 발사), 2호(1975년 9월 9일 발사)와는 전혀 다른 방법으로 착륙해야만 했던 이유는 예산과 시간의 제약 때문이었다. 미국의 재정 적자로 의회에서는 화성탐사 예산을 대폭 삭감했고 동시에 의회는 3년의 시간제약을 부여, 이 기간 동안에 화성의 지표로부터 로봇 탐사선이 모래와 돌을 수집 및 분석한 데이터를 지구에 송신할 수 없으면 화성탐사 예산 책정을 아예 중단하겠다고 결정했던 것이다. 이전의 방식대로 착륙을 하려면 예산을 더 확보해야 되는 상황이었다. '예산부족'은 NASA가 손 쓸 수 없는 문제점이었던 것이다. 정주영 전 회장이 장비의 부족이란 문제점을 해결하기 위해 여러 고물상에서 장비를 획득하고 그것들을 조합해 활용한 것과 똑같은 방식으로 NASA는 문제를 해결했다.

NASA의 기술팀은 독특한 방법을 고안해 냈다. 자동차에 탑재돼 있는 에어백을 쿠션장치로 사용하기로 아이디어를 냈다. 무게 11.5kg의 로봇 탐사선이 네 개의 에어백으로 에워싸인 상태라면 시속 56km로 착륙해도 파괴되지 않을 것이라는 결론을 내린 것이다. 그리고 시속 56km까지 감속시키는 방법에 대해서는 바이킹 1호, 2호에서 사용한 값비싼 액체연료 로켓이 아니라 비용이 저렴한 고체연료 로켓을 사용하기로 결정했다. 싼 건 싼 이유가 있을 터, 고체연료만으로는 충분한 감속을 기대할 수 없었다. 이를 해결하려고 그들은 낙하산을 생각해 냈다. 결국 NASA의 기술팀은 낙하산·에어백·고체연료 로켓이라는 주변에서 흔히 찾아볼 수 있는 것들을 조합해서 저비용의 화성 착륙 방법을 개발하는데 성공했다. 소요된 총 비용은 과거 바이킹 1호, 2호의 3분의 1 수준에 불과했다고 한다. 획득 가능한 자원의 재조합으로 문제를 멋지게 해결한 것이다.

2. 목표의 본질을 다시 생각해본다.

문제해결자로서 정주영 회장의 역량이 빛나는 것은 다음 일에서였다. 대통령의 숙소문제가 해결되자 미군은 또 다른 공사를 현대건설에 부탁했다. 대통령이 방문하게 될 UN군 묘지에 푸른 잔디를 심어줄 수 있냐는 것이었다. 당시 UN군 묘지는 전시상황이라 묘지를 돌볼 경황이 없어 흙바닥 그대로 방치돼 있었는데, 미군은 황량한 느낌이 드는 묘지를 대통령이 방문하기 전에 정비하고 싶어 했다.

그러나 아이젠하워 대통령이 방문하기로 한 계절은 한겨울이었다. 한국에서 추운 겨울 날 푸른색 잔디를 구하는 것은 그때에나 지금이나 불가능한 일이다. 문제점(겨울철에 푸른 잔디를 구할 수 없다)은 해결할 수 없는 것이었다.

이 때 정주영 전 회장은 목표달성에 집중해 한 가지 아이디어를 생각해냈다. 그가 보기에 UN군 묘지에 푸른 잔디를 심는 것이 목표의 본질이 아니었다. 그는 아이젠하워 대통령이 방문했을 때 UN군 묘지가 잘 정돈된 것처럼 푸르게 보이면 되는 것이 목표의 본질이라고 파악했다. 그리고 잔디 대신 겨울에도 푸른색을 띠는 것을 심는 것으로 문제를 해결했다. 잔디 대신 겨울에도 푸른 보리싹을 심는 것이었다.

그는 30여대의 트럭을 동원해 보리밭의 보리싹을 UN군 묘지에 심었고, 보리싹 덕분에 UN군 묘지는 한 겨울에도 푸른색을 띠게 됐다. 모두가 불가능하다고 여겼던 일을 또 한 번 이뤄낸 것이다. 덕분에 현대건설은 이후 미군의 공사를 도맡음으로써 안정적으로 성장할 수 있었다. 문제점(겨울철에 푸른 잔디를 못 구한다는 것)에 손 쓸 수 없을 경우, 표면적 목표(UN군 묘지에 푸른 잔디를 심어 조경을 잘 하는 것)가 아니라 본질적 목표(UN군 묘지가 조경이 잘 된 것처럼 푸르게 보이는 것)에 집중함으로써 문제를 해결했다. 기업성장의 모멘텀을 만들어 낸 경영 레인메이커의 본보기일 것이다.

3. 당장 할 수 있는 액션으로 해결한다.

SNS에서 회자되던 얘기가 있다. '미국 비누공장에서, 포장기계의 오작동으로 가끔씩 비누가 안 들어간 빈 케이스가 발생함. 경영진이 외부의 컨설팅을 받아 X-레이 투시기를 포장공정에 추가하기로 결정. 비용 : 컨설팅비 10만 달러 + 기계 값 50만 달러 + 인건비 5만 달러/년. 그런데 X레이 투시기를 주문하고 기다리는 몇 달 동안에 불량률이 제로가 됐음. 원인을 알아보니 최근에 새로 입사한 라인직원이 집에서 선풍기를 가져와 라인에 흐르는 비누 케이스 중 빈 케이스를 날려 보내고 있었음 비용 : 50 달러.'(출처 https://twitter.com/gibssong)

이 얘기는 컨설팅이 얼마나 허망한 것이지를 대놓고 비웃는 용도로 자주 인용되고 있다. 하지만 나는 이 얘기에서 당장 할 수 있는 액션을 궁리하는 것이 문제해결에 얼마나 중요한가를 교훈으로 받아 들여야 한다고 믿는다. 정리해 보자. 문제는 비누가 들어 있지 않은 빈 케이스가 발생한다는 것이다. 문제점은 포장기계의 오작동이다. 따라서 해결책은 포장기계의 오작동을 없애는 것이다. 포장기계를 고쳐서 오작동을 없애거나 오작동이 없는 포장기계를 새로 사면 해결되는 상황인거다. 무슨 연유인지 저 트윗 글에서는 안 나와 있지만 어쨌거나 포장기계를 고치거나 새로 사는 해결책은 여러 이유로 인해 불가능했던 상황이었던 것 같다. 목표는 빈 케이스를 골라내는 것이다. 겉으로 봐선 비누가 들어 있는 케이스인건지 빈 케이스인건지 알 수 없다. 겉모습은 똑같으니 말이다.

컨설팅 회사는 케이스 안에 비누가 있는지는 육안으로 볼 수 없으니 그걸 볼 수 있게 만드는 것을 해결책으로 제시했다. 투시기로 빈 케이스를 찾고 나면 어차피 사람 손으로 그것들을 치우긴 해야 할 것이지만. 반대로 새로 들어 온 라인 직원은 당장 할 수 있는 액션에 주목했다. 무엇이 빈 케이스를 알아내는 것이 아니라 빈 케이스를 치워야 하는 것이 본질적인 목표다. 눈으로 보면 같지만 무게는 다를 것이고 가벼운 것을 없애면 문제는 해결되는 것이었다.

● 원조쌈밥집의 대패삼겹살

외식업계의 거두로 자리 잡은 백종원씨가 지금의 성공을 이루는데 결정적인 뒷받침이 된 음식점이 있다. 바로 원조쌈밥집이다. 이곳은 대패삼겹살이란 이름의 매우 얇은 삼겹살을 간장 소스에 묻혀 구워 먹는 독특한 취식방법으로 유명해졌다.

대패삼겹살에는 재미있는 사연이 있다. 고기를 써는 기계를 살 때 예산이 부족해 값이 싼 기계를 샀는데 그 싼 값의 기계는 햄을 써는 기계였는지 삼겹살이 너무 얇게 썰려 나와 돌돌 말리는 문제가 생겼다는 것이다. 문제는 삼겹살이 말려 나온다는 것이었다. 문제점은 고기 써는 기계가 잘못 돼 있다는 것이었다. 원칙적으로야 해결책은 기계를 교체하는 것일 것이다. 예산

의 문제 등으로 문제점은 손 쓸 수 없었던 상황에서 이 집은 고객의 근원적인 요구, 식당의 본질적인 목표에 주목했다.

다른 식당보다 조금이라도 더 맛있게, 가능하다면 건강에 좋다는 느낌 까지 주면 되는 것이 식당의 본질적인 목표일 것이다. 말릴 정도로 고기가 얇게 나올 수밖에 없는 상황. 그 약점에 오히려 가치를 부여했던 것이다. 얇으니까 양념(간장 소스)은 잘 배일 것이고 간장이 배인 대패삼겹살은 보통의 삼겹살보다 좀 짠 맛이 강할 테니 밥에 싸먹으면 짠 맛도 줄어들 것이고 쌈 싸먹는 재료로 다양한 채소를 제공하면 결과적으로 건강에도 좋으리란 인식까지도 잡을 수 있었던 것이다.

Part 2

전략,
유리한 조건 만들기

"The essence of strategy is choosing
what not to do."

-Michael E. Porter

마케터는
전략가를 지향한다

전략가를 지향하는 것 자체는 매우 고무적인 일이다. 하지만 '전략가가 된다'는 것은 엄청난 '내공'이 요구되는 어려운 일이기도 하다. 어찌해야 할까? 다행히 우리에겐 벤치마킹이 있다. 우리보다 앞서 전략에 대해 보석같이 빛나는 이론으로 설명해 준 선배들이 있다. 피흘리는 전쟁터에서의 경험을 패턴화해 정리해 준 윗사람들이 또한 있다. 역사로부터 배우고 사례로 공부한다면 전략가 풍모 정도는 어렵지 않게 풍길 수 있지 않을까?

벤치마킹을 하라니까 성공한 기업의 '지금 모습'을 따라하는 경우가 있다. 성공한 기업의 현재를 따라하는 것은 벤치마킹이 아니다. 벤치마킹은 그 기업이 그렇게 되기까지 '어떻게 어떤 식으로 해 왔는가'의 지난한 과정을 학습하는 것이다. 또한 시행착오를 따라 하지 않아 상대적으로 이른 시간에 그 기업처럼 될 수 있도록 하는 집중적인 노력을 의미한다.

남극점 탐험을 두고 세기의 경쟁을 벌인 아문센과 스콧의 경우를 보자. 아문센은 제대로 벤치마킹을 했다. 아문센은 이전 탐험가들의 기록을 상세히 조사했으며, 동시에 그들의 문제점과 한계를 고찰하고, 자신의 경험을 바탕으로 탐험 계획과 기술을 신중하게 보완했다. 반면 스콧은 섀클턴의 경험 이외에는 아무 것도 참고하지 않았다. 경로도, 장비도 모두 섀클턴과 동일한 방식을 채택했다. 그러면서도 섀클턴이 고생한 이유에 대해서는 제대로 연구하지 않았다. 그리고 섀클턴보다 훨씬 더 크게 실패했다. 우리는 스콧처럼 해선 안 된다. 기업에 수익의 단비를 가져다 줘야 하는 레인메이커라면 더더욱 실패하는 벤치마킹을 답습해선 안 된다.

전략은 '우리에게 유리한 조건'을 발생시키는 것

레인메이커는 전략가여야 한다. 이유는 자명하다. 기업경영 · 마케팅 · 브랜딩 등 레인메이커가 있을 수 있는 모든 분야에서 기업의 성공은 경쟁을 통해 만들어지기 때문이다. 경쟁이란 전략과 전술이 적용되는 전쟁과도 같다. 전쟁에서는 사람이 죽어 나가지만 경쟁에서는 죽는 사람은 없다. 그저 기업이 사라질 뿐이다. '기업의 극적인 성공을 견인하는 것'이 존재이유인 레인메이커라면 참을 수 없는 가정이다.

전략이란 말을 정의한 것 중에서 나는 오마에 겐이치(大前研一, 일본의
경제학자)의 표현이 가장 가슴에 와 닿는다. "전쟁이라고 할 수 있는 사
업에서 전략의 목적은 자기편에게 유리하도록 최고의 조건을 발생시
키는 것"이라고 그는 말했다. 전략의 목적을 이토록 명쾌하게 설명한
사례를 나는 아직 보지 못했다. 전략이 '이기게 만들어 주는 것'이라고
정의 내린다면 전략만 있다면 모두가 이긴다는, 말 그대로 모순이 될
것이다. 오마에 겐이치의 말대로 전략이란 것이 자기편에게 유리한
조건을 발생시키는 것이라면 무엇이 전략수립의 시작이 되겠는가? 유
리한 조건을 발생시키기 위해 우선해야 할 일은 최소한 덜 불리한 조
건을 만드는 것이 될 것이다. 지나치게 불리한 조건부터 손봐야 하는
것이다. 우리에게 불리한 조건을 발생시키는 것, 그것은 우리에게 커
다란 문제가 된다. 그런 문제를 야기하는 원인은 문제점이 된다. 이럴
경우 옵션은 두 가지다.

가능하다면 문제점을 제거하는 것이다. 그럴 수 없다면 우리가 일방
적으로 불리해지지 않게 하는 대응책을 세워야 한다.

전략에 대한 생각법 1
전략은 '방향성', 전술은 '액션플랜'이다

군사학 교본에서는 전략을 '전쟁을 승리로 이끌기 위해 대국적이고
종합적인 견지에서 전쟁을 준비하고 계획하고 운영하는 방책'으로 전
술은 '작전이나 전투를 가장 효과적으로 수행하기 위한 방책'이라고

정의하고 있다. 전쟁은 전투와는 다른 것이다. 전쟁은 여러 형태의 싸움(교전)이 연결돼 있는 사슬로 봐야 한다.

전략과 전술은 다음 〈그림〉에서 보듯 목적 → 목표 → 전략 → 전술이라는 위계구조 안에서 해석되기도 한다. 두 가지 버전이 있다. 비전과 미션을 목적보다 상위에 놓고 해석하는 경우. 그리고 목적과 목표를 비전과 미션으로 대체해 쓰는 경우가 그것이다.

• 첫 번째, 존재이유(Mission)를 수행해 미래의 지향점(Vision)으로 가기 위해서는 뚜렷한 목적(Goal)이 있어야 한다. 이 경우 목적을 달성하기 위한 중간지점들(Objectives, 그러니까 목표)이 있게 된다. 미래의 지향점을 올곧게 추구하기 위해서 택하게 되는 전체적인 방향성(Strategy, 그러니까 전략)은 그 안의 구성 요소인 작은 부분(Tactics, 그러니까 전술)들의 합이 되는 것이다.

• 두 번째, 목적이 '궁극적으로 달성하려 하는 지향점', 일종의 '비전'과 비슷한 것이라면 목표는 '목적의 달성을 위해 구체적으로 해야 할 일'로 '미션'과 유사한 개념으로 정리하는 것이다. 이럴 경우 전략은 목적을 달성하기 위해 선택하는 전체적인 방향성이며 전술은 전략 실행을 위한 구체적인 작전 단위가 된다. 전략의 목적은 우리에게 유리한 최고의 조건을 발생시키는 것에 있다는 오마에 겐이치의 말을 대입하면 이렇게 될 것이다. '전략이란, 목적을 달성하기에 좋도록 우리에게 유리한 상황을 조성하려면 어떤 식으로 전체적인 방향성을 잡으

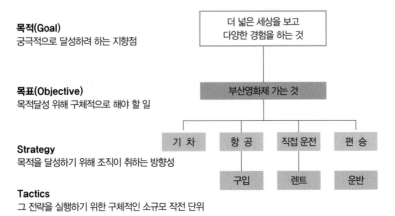

〈그림〉 전략과 전술의 위계 구조

목적(Goal)
궁극적으로 달성하려 하는 지향점

더 넓은 세상을 보고
다양한 경험을 하는 것

목표(Objective)
목적달성 위해 구체적으로 해야 할 일

부산영화제 가는 것

Strategy
목적을 달성하기 위해 조직이 취하는 방향성

기 차 | 항 공 | 직접 운전 | 편 승

Tactics
그 전략을 실행하기 위한 구체적인 소규모 작전 단위

구입 | 렌트 | 운반

면 될 지를 고민하는 것'이 된다.

전략가를 지향하는 레인메이커는 전략과 전술 둘 다 중요하게 여겨야 한다. 독특한 전략이 서투르게 전술적으로 집행되는 것보다는 밋밋한 전략하의 치밀한 전술 집행이 더 나은 경우는 어렵지 않게 목격된다. 전략가는 궁극적 목적 달성을 위해 유리한 조건을 발생시키려면 전체적인 방향성을 어떻게 가져가야 할지를 결정하고 전략이 효율적으로 집행되기 위한 구체적 액션 플랜을 잘 정립해서 철저히 반영되도록 맥락을 짚어 주는 사람이어야 하는 것이다.

지금 내가 하고 있는 일은 전략을 수립하는 것인가? 전술을 정립하려는 것인가? 구분해보자.

02

전략은
숫자 싸움

'17대 1로 싸웠는데 이겼다'는 따위의 허풍은 그냥 무시하자. 17 대 1로 싸워서 이기는 경우란 내가 그 '17명' 중 하나가 되는 것 밖에 없다.

'힘의 원칙'이란 숫자가 앞서고 화력이 앞선 쪽이 이긴다는 당연한 얘기다. 이 당연한 원칙이 왜 계속 강조되는 것일까? 실제 상황에서 이런 원칙을 잊은 채 전략을 수립하는 경우가 많아서 그렇다. 객관적 힘의 열세를 냉철하게 인정하지 않고 의욕과 사기를 판단의 근거로 무리한 전략을 수립하는 경우는 의외로 많이 있다. 목표와 전략을 구분하지 못하는 멍청한 경우도 꽤 많다. 방어해야 될 때 공격하고 공격해야 할 상황에서 방어를 하는 거꾸로 된 전략은 '힘의 원칙'을 감정적으로 무시하는 태도에서 주로 비롯된다.

'힘의 원칙'과 싸울 필요는 없다

전략이라는 개념이 전쟁을 상정해 나온 것이므로 전략을 펼치는 방향 또한 전쟁에서 펼쳐지는 교전의 성격을 그대로 따르게 돼 있다. 전쟁의 형태는 공격 아니면 방어의 두 가지뿐이다. 당연히 전략도 '공격전략'이냐 '방어 전략'이냐의 두 가지 중의 하나일 수 밖에 없다. 내가 지금 공격하는 것이 맞는 건가 아니면 수비하는 것이 맞는 것인가를 아는 것이 전략 구사의 '기본 중의 기본'이라는 것이다. 언제 공격하고 어느 때 방어하는가? 판단 기준은 '힘의 원칙'이다. 냉정하게 전략을 구사하려면 '일당백'과 같은 사기진작용 '구라'에 속지 말아야 한다. 전쟁에서의 '힘'이 병력의 수나 화력의 크기로 나타난다면, 마케팅 차원에서의 힘은 '시장점유율'로 나타난다. 따라서 마케팅에서 거꾸로 된 전략은 시장점유율로 표시되는 '힘을 나타내는 수치'를 무시하고 대응하기 때문에 나타난다.

힘의 우위란 결국 수적 우위를 말한다. 공격을 제대로 하기 위해선 두 배 이상의 수적우위가 있어야 하며 방어만을 목적으로 한다면 공격 전력의 1/3의 수만 확보되면 가능하다는 것이 정설이다.

● 히딩크, 내 인생의 경기를 선사한 전략가

2002년 6월 18일, 한일월드컵 16강전 대한민국 대 이탈리아의 경기, 'The game of my life!' 힘의 우위는 수적 우위라 했다. 하지만 절대적인 것만은 아니다. 여기에 전략의 묘미가 있게 된다. 전략가가 빛날 수 있는 여지가 여기에 있다. 수적 우위가 곧바로 힘의 우위가 되기 위해서는 영향을 미치는 다른 모든 상황을 상쇄시킬 정도로 수적 우위가 아주 커

야 한다. 20대 10이 싸우더라도 결정적 전투가 벌어지는 시점에 동원되는 수가 5대 10으로 역전 된다면 전체적인 수적 우위는 큰 의미가 없게 되는 식이다. 따라서 전략가는 교전 시 결정적 지점에 위치한 부대의 수를 최대화하는 것에 초점을 맞춘다.

2002년 6월 한국과 이탈리아가 맞붙었던 경기를 되새겨 본다. 0:1로 뒤지던 후반, 한국축구의 레인메이커 히딩크(Guus Hiddink)는 김태영, 김남일, 홍명보를 황선홍, 이천수, 차두리로 차례대로 교체했다. 원래 뛰고 있었던 설기현과 안정환을 포함하면 공격수만 5명이 되는 순간이었다. 그 순간 나는 전율했다. 아직도 그 순간을 기억하고 있다. 같은 11명으로 싸우는 축구에서 결정적 지점(상대편의 골문 가까운 곳)에 위치한 부대의 수를 최대화했던 과감한 전략 대응을 어찌 쉽게 잊을까? 이런 전략적 대응이 히딩크라는 사람이 학습해서 얻은 능력에서 나온 것이든 선천적인 감각에서 나온 결론이든 그것이 무슨 상관이랴. 히딩크, 그는 전략가요, 레인메이커였다.

▶2006년 독일월드컵, 당시 호주팀을 이끌던 히딩크는 똑같은 마법을 일본과의 경기에서도 재현했다. 0:1로 끌려가던 후반전, 극단적인 공격수 투입으로 결국 3:1의 대역전극을 이끌어 냈던 것이다. 이기는 것도 '습관', 맞다.

숫자가 3배면 언제나 이긴다

수학자 B. O. 쿠프만(Bernard Osgood Koopman)은 란체스터를 계승하면서도 개념을 좀 더 정교하게, 현실에 맞게 다듬어 전략이론, 게임이론으로 발전시켰다. 쿠프만은 총전력을 '전략력'과 '전술력'의 합으로 나타냈다. 쿠프만은 직접 전투에 동원되는 요소를 전술적 요소, 간접적으로 전투를 지원하는 요소를 전략적 요소로 구분했다.

- 전술적 요소: 눈에 보이는 요소, 전선에 배치된 병사나 무기(적을 직접 겨냥하는 무기)
- 전략적 요소: 눈에 보이지 않는 요소, 무기의 성능이나 보급 속도 등. 보이지 않는 곳에서 적을 공격하는 무기(원거리 포격 등)

쿠프만은 전투에서 전략과 전술적 전력은 어느 정도 비율이 이상적인가 하는 문제를 현대전의 사례를 통해 분석해, 이 비중이 2 : 1의 비율로 수렴한다는 것을 발견했다.

그는 전략과 전술에 각각 2와 1이라는 상수를 대입하고서 미분 방정식으로 유도해 란체스터의 전략 모델식을 정립했다. 이것이 쿠프만의 방정식이다.

　쿠프만은 미분 방정식으로 '아군의 피해를 최소화하려면 아군과 적군의 병력비는 어떠하여야 하는가?'라는 문제를 풀 수 있었다. 이때 나오는 숫자가 73.88이었다. '73.88 : 26.12', 이에 따라 전력 목표치를 상한 목표치(73.88%), 상대적 안정치(41.7%), 그리고 하한 목표치(26.12%)로 구분할 수 있었다.

　상한 목표치와 하한 목표치를 근접한 정수비로 풀면 대략 3 : 1이 되는데, 이것은 아군과 적군의 전력비가 3 : 1 이상이 차이가 나면 아군은 언제나 필승이라는 의미다. 실제로 제2차 세계대전에서 미국은 이 모델을 적용, 상륙작전시 늘 3배수의 병력을 투입했다. 이른바 '3배의 법칙'이다.

● 란체스터- 후나이의 점유율 법칙

　쿠프만처럼 란체스터의 이론을 발전시켜 나름의 법칙으로 활용한 사람은 또 있다. 란체스터의 이론은 시장점유율을 관리하는 틀로도 자주 이용되었는데 일본의 컨설턴트인 후나이 유키오는 란체스터의 법칙에 자신의 시각을 합쳐 '란체스터-후나이 법칙'을 발표했다.

　이 법칙은 시장에서 한 브랜드의 점유율이 얼마냐에 따라 어떤 시장 구도 인지를 판단하거나 점유율 목표를 설정하는데 사용될 수 있어서 실무적으로 쓰임새가 매우 높다. 란체스터-후나이 법칙에서 기준을 제시한 점유율 수준은 다음과 같다.

- 존재 쉐어: 7%. 시장에서 자신의 가치를 인정받기 위한 최소치
- 영향 쉐어: 11%. 자신의 존재가 시장 전체에 영향을 주기 시작하는 수치
- 우위 쉐어: 15%. 기업이 도약 기반을 갖추기 시작하는 수치
- 톱 쉐어: 26%. 쉐어 우선전략시 이익을 얻기 위한 최저 수치
- 과점화 쉐어: 31%. 여기를 넘어가면 과점의 단계로 진입하는 수치
- 과점 쉐어: 42%. 압도적으로 유리해 지기 시작하는 수치
- 독점 쉐어: 74%. 경쟁자 수와 상관없이 절대적으로 안전해 지는 수치

시장점유율도 공식으로 관리한다

  기업이 상품 하나만을 가지고 경쟁하는 경우는 거의 없다. 시장 점유율 관리를 하려면 그에 앞서서 자사에서 내고 있는 상품 구색이 적절한가, 또는 적정한가를 먼저 따져 봐야 한다. 다수의 제품을 시장에 내고 있는 기업이라면 매출이 큰 품목별로 매출 누계의 70%까지 차지하는 품목을 A그룹으로, 누계 96%까지를 B그룹으로, 나머지를 C그룹으로 분류해 관리하여야 한다. 70%라는 수치 역시 쿠프만의 방정식에서 나오는 73.88%의 정수 근사치다.

1. 가장 바람직하고 안정적인 A, B, C 상품의 구성비는 1 : 2 : 2이다. 백분율로 보면 20% : 40% : 40%선이다. 매출 순위로 볼 때, 상위 브랜드의 누계 20%의 상품이 매출 70%를 올려주고, 60%의 제품이 매출의 95%를 올려줄 경우가 가장 안정적인 구성이라는 의미다. 이 균형이 어느 한 쪽으로 쏠리면 당연히 좋지 않다.

시장 점유율 관리의 이론적 근거는 쿠프만 방정식에 나오는 하한·상한·상대적 안정치의 숫자다. (상한 목표치 78.88%, 상대적 안정치 41.7%, 하한 목표치 26.12%) 이 숫자들을 시장 점유율 관리의 목표수치로 활용하는 것이다. 그러나 현실에서의 전쟁은 1 : 1 싸움이 아니라 다자간 싸움이므로, 상대적인 수치로 변환해 생각을 이어나가면 된다.

화장품 시장에서 A사가 25%, B가 18%, C가 8%의 시장 점유율을 가지고 있다면, A사는 직접 경쟁권인 B사와의 상대적인 비율을 따져봐야 한다. 그럴 경우 A사 vs B사의 상대적인 비는 58 : 42가 된다.

예를 들어 상대적 시장 점유율이 7 : 3인 두 기업이 있다고 하자. 시장 점유율의 영향력은 단순히 7 : 3에 그치는 것이 아니라 반지름이 7인 원과 반지름이 3인 원의 넓이와도 같다. 따라서 영향력은 49 : 9, 약 5 : 1이 된다. 점유율로 보면 두 배 조금 넘지만 영향력은 다섯 배란 얘기다. 58 : 42면 1.38배의 영향력 차이가 아니다. 1.91배의 영향력 차이다. 거의 두 배란 말이다.

2. 단일 품목, 단일 브랜드를 내는 기업이라면 최소한의 생존선인

하한 점유율(26 %)을 확보해야 한다. 한 분야에서 다수의 제품을 판매하고 있는 기업의 경우 하한 목표치를 넘는 제품이 하나도 없다면 더 이상 신제품을 내서는 안 된다는 뜻이 된다.

반대로, 하나의 히트 제품이 있으면 몇 가지의 비인기 제품까지 유통에 얹을 수 있다. 만약 어느 한 제품의 시장 점유율이 60%라면 이의 제곱근은 7.7(60 = 7.746), 즉 자사의 다른 제품을 7개까지 얹을 수 있다는 말이다. 설레지 않는가?

3. 다음 단계는 하나라도 안정치인 41.7%의 점유율을 갖는 것이다. 란체스터-후나이의 점유율 법칙에 따르면 과점 쉐어(42%)에 해당하는 점유율이다. 성숙기 시장이나 경쟁이 치열한 시장에서는 하한치가 안정치인 셈이며, 상대적 안정치는 상한치로 봐야 한다. 그러나 초기 성장 시장이나 참여 업체가 그리 많지 않은 시장에서는 41.7%가 안정치다. 자동차, 가전, 맥주, 소주 시장 등이 여기에 해당될 것이다. 자사의 점유율이 40%를 넘어서면 가속이 붙게 된다.

03

약자도
싸울 방법이 있다

영화『블리츠(Blitz)』에서는 의미심장한 대사가 나온다. "상대를 잘못 골랐으면 최소한 무기라도 제대로 골랐어야지!" 마이클 포터는 "약자가 강자와 같은 장소에서 싸움을 하려면 우선 상품을 차별화하고 그것이 여의치 않으면 싸움의 장소를 달리하고, 그것도 여의치 않으면 낮은 가격으로 승부하고, 그것도 여의치 않으면 틈새시장을 찾아라"라고 설파한 바 있다.

전략에 대한 생각법 5
약자는 다른 장소/무기/방법으로 싸운다

'모든 싸움은 강자에게 유리하다'는 당연한 얘기로 보일 수 있다. 그러나 이같은 얘기는 약자가 강자와 동일한 장소, 동일한 무기, 동일한 방법으로 정면 대결을 벌였을 경우에 한정된다. 역으로 약자가 강자와 다른 장소, 다른 무기 그리고 다른 방법으로 싸운다면 달라 질수도 있다는 얘기다. 다르면 이길 수도 있다는 얘기다.

● 약자의 전략: 다른 장소 · 무기 · 방법으로 싸운다

약자가 강자를 이길 수 있는 방법은 강자가 가지고 있는 절대적으로 유리한 조건을 거꾸로 뒤집어 놓는 것이다. 잊지 말자. 강자가 약자와 동일한 장소에서 동일한 무기를 가지고 동일한 방법으로 정면대결을 하면 반드시 강자가 이기게 돼있다. 따라서 약자가 위의 조건 중 어느 하나라도 달리 한다면 약자에게도 가능성은 충분하다. 여기에 강자의 약점(기득권 안주 경향, 비대한 몸집, 분산된 전력)을 집요하게 파고든다면 약자의 가능성은 더욱 더 높아진다. 강자와 약자는 가는 길이 아예 다르다는 것을 명심하는 것이 핵심이다. 선두가 만들어 놓은 시장에 들어가서 흉내만 잘 내면 시장을 어느 정도 나눠 먹을 수 있을 것이라는 생각이 약자의 가장 위험한 생각이다. 약자를 위한 전략의 기본은 강자의 모방에 있지 않고 '의도적으로 달라지는 것'에 있다. 약자는 전체 전력이 맞붙는 광역전을 피하고 국지전을 유도해야 한다. 상대와의 전력차가 가장 작은 지역에서 국지전을 유도하고, 그 곳에 전력을 집중해 수적 열세를 극복해야 한다.

하나. '틈새를 노린다.' 틈새는 대부분 사회의 트렌드 변화와 밀접한 관계가 있다. 따라서 약자는 사회 변화나 추세의 흐름에 강자보다 더

민감하게 주시하고 반응해야 한다. 조금이라도 유행할 기미가 보이는 흐름이 있다면 주저 없이 제품과 브랜드에 반영해 돌파구를 찾아보는 것이다. 유행은 쉽게 변하는 것 아니냐고? 약자도 거기에 따라 빨리 변하면 된다.

둘, '싸움의 장을 다르게 한다.' 이것은 차별화 전략을 의미한다. 차별화 전략이란 경쟁자와 다르게 한다는 것에 그치는 얘기가 아니다.

강력한 경쟁자가 별로 없는 새로운 시장을 규정하고 그 시장에 맞춘 제품이나 브랜드로 입지를 굳히라는 말이다. 강자가 버티고 있는 장에서 벗어난 곳에서 싸우라는 '정면대결의 지혜로운 회피'를 뜻한다. 핏빛 '레드 오션'을 벗어나 경쟁 없는 청정한 '블루 오션'으로 가라는 얘기는 여기에서 비로소 현실성을 얻게 된다.

셋, '강자의 전력을 나눠 싸운다.' 세분화의 개념과 직접적으로 연결되는 얘기다. 강자는 일반적으로 긴 전선을 유지해 싸우는 법이므로 쉽게 허물 수 있는 틈은 언제라도 있기 마련이다. 전체 시장을 다양한 여러 기준으로 잘라 보고 세분화된 시장 중에서 자신에게 가장 유리한 시장에 집중하라는 것이다. SUV(Sport Utility Vehicle, 여가생활용 다목적 차량) 시장에 집중해 성과를 이뤄냈던 이전 쌍용자동차가 여기에 해당한다.

넷, '일점 돌파.' 강자의 아킬레스건이라고 할 만한 약한 구석 하나만 끝까지 물고 늘어지라는 얘기다. 고전적인 사례가 있다. 자본주의 초기 대량생산의 기치를 들었던 포드(Ford)는 그들의 자랑인 대량생산에서 오히려 아킬레스건을 발견하고 다양한 종류의 차를 내 보인 GM (General Motors)에 의해 추월 당했다.

다섯. '기습적 선제공격.' 기습은 성공만 한다면 매우 큰 위력을 보인다. 특히 약자가 선제공격을 통해 의도한 성과를 충분히 얻으려면 공격이 기습적으로 이뤄지도록 해야 한다. 폭스바겐(Volkswagen)은 미국 시장에서 소형차의 실패 원인을 유지 · 보수(Maintenance)의 문제라고 봤고, 사전에 미국 전역에 걸쳐 자동차 수리공장과 계약을 체결하여 이들로 하여금 자동차 딜러를 겸하게 했다. 물론 차량 보수는 항상 최적의 상태로 유지해 준다는 조건부였다. '수리 공장에서 자동차를 팔면서 언제든지 최적의 상태로 유지보수를 해 준다.' 이는 당시 미국 자동차 회사들로서는 상상도 할 수 없는, 그야말로 기습이었다. 이 기습이 대대적인 성공을 거둬 폭스바겐은 미국에서 가장 많이 팔린 차 중 하나가 될 수 있었다.

● 강자의 전략: No Mercy(자비는 없다)

강자가 자신에게 도전해오는 약자를 맞서 싸우는 경우를 생각해 보자. 예를 들어 12의 전력을 가진 강자에게 8의 전력으로 무장한 약자가 공격해온다고 상정하자. 예비 전력 2를 남겨 두고 10으로 맞선다면 6의 전력을 써야 하므로(10의 제곱에서 8의 제곱을 뺀 수의 루트 값, 100-

$64=36, \sqrt{36} = 6)$ 4의 손실을 입어야 한다. 하지만 처음부터 12를 총동원하여 싸운다면 3의 손실로 적을 물리칠 수 있게 된다. 강자가 취해야 할 전략의 핵심은 바로 여기에 있다. 약자의 도전을 초기에, 총력을 다 하여 분쇄하여야 한다는 것이다. 강자는 무자비해야 한다. 아무리 약해보이는 적이라 해도 처음에 많은 물량을 쏟아 부어 단숨에 제압하는 것이 옳다.

하나. '먼저 움직인다.' 강자가 취하는 전략의 기본으로 강자는 계속적으로 새로운 무기, 새로운 영역을 개척해 약자가 이를 모방하는데 정신이 없도록 만들어야 한다. 추격자가 쫓아 왔다고 생각할 때 쯤 새로운 개념을 툭 던지거나 거의 모든 세분시장에 대응하는 브랜드 포트폴리오 전략을 쓰는 것이다. '뱁새가 황새 따라가다 다리 찢어지게 만들기'다.

둘. '넓혀서 싸운다.' 전선을 넓혀 약자의 자원을 분산시킴으로써 손쉽게 승리를 얻자는 전략이다. 그러기 위해서는 강자는 약자를 전면전으로 유도해 넓은 지역으로 나오게 해야 한다. 약자가 일정 부분에서 강세를 보일 수는 있어도 전면전이 계속되면 결국 강자가 이기게 돼있기 때문이다.

04

경쟁전략은 전쟁전략,
공격 아니면 방어다

마케팅에 '전략'이라는 말을 붙이면 어떤 의미를 가지게 되는 것인가? 전략이란 말을 붙인다는 것은 마케팅의 본질을 '교환 과정'과 같은 추상적인 것으로 보는 것이 아니라 '전쟁'으로 본다는 것이다.

실제로 마케팅 분야에서 사용되는 많은 용어는 군대 용어에서 가져온 것이다. 사활적 이익을 다루는 가장 큰 규모의 인간행동이 전쟁이다. 전쟁의 비장미 넘치는 감성이 마케팅에도 그대로 적용돼 마케팅 담당자들의 긴장감을 상시적으로 높이는 역할을 하고 있기에 전쟁의 관점에서 마케팅을 설명하는 흐름은 쉽게 바뀌지 않을 것이다. 좋든 싫든….

전쟁의 형태는 공격 아니면 방어다. 마케팅 전략에서 택할 수 있는 전략의 선택안도 당연히 공격 아니면 방어의 두 가지로 크게 대별되게 된다. '내가 누구와' 어떤 싸움을 벌이는 것이냐가 마케팅 전략이 구현되는 형태를 규정짓게 되므로 마케팅 전략은 당연히 '경쟁 전략'을 의미하게 된다.

실제 적군을 죽이는 행위는 없지만 마케팅은 전쟁이 된다. 전쟁이다. 최고수준의 긴장상태를 항시적으로 유지해야 한다. 과단성 있게 행동해야 하며 언제라도 전진과 후퇴의 순간을 적확하게 찾아내야 한다. 힘든 일의 연속이다. 전략이란 표현을 무시로 하면서 마케팅은 전쟁이 아니라고 우기진 말자. 위선이다. 간혹 '혁신' '가치혁신'을 신봉하는 사람들이 경쟁전략을 무시하는 경우를 볼 때가 있다. 그러지 말자. 운전을 거칠게 하더라도 그것이 먹고 살기 위해 그러는 택시기사는 좀 용서가 되듯, 기업의 생존을 위해 고군분투하는 사람들 앞에 놓고 '혁신만이 답이다' '블루오션을 찾아라'라는 한가한 소리 좀 하지 말았으면 좋겠다.

방어는 1등, 리더만이 한다

시장에서의 위치에 따라 달라지는 평가를 나타내는 표현이 있다. '1derful, 2rrific, 3tened, 4gotten'이란 표현이다.

1등은 'Wonderful(1derful)', 2등은 'Terrific(2rrific)', 3등이면 'Threatened(3tened)', 4등은 'Forgotten(4gotten)'이라는 위트 넘치는 표현이다.

1등은 말 그대로 원더풀한 지위이고 2등이면 훌륭한 것이지만 3등
이라면 위협받고 있는 존재이며 4등은 벌써 잊혀진 존재일 수 있다는
얘기다.

기업의 지위를 양적 경영 자원과 질적 경영 자원의 2축으로 나눠보
고 각 위치별로 기본적인 대응방향을 정리한 〈그림〉을 먼저 보자.

〈그림〉 경영 자원에 따른 기업의 지위

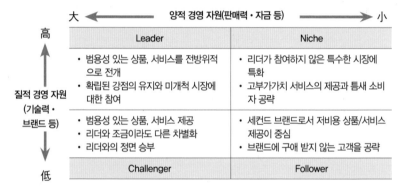

누가 방어전을 할까? 방어는 공격자를 막는 것이다. 먼저 나서지 않
고 기다리는 것 또한 공격자를 막는 방법이다. 그래서 방어는 2개의
이질적 부분인 기다리는 것과 행동하는 것으로 구성된다.

조용히 기다리거나 공격자를 막는 행동을 취하는 것이 방어전이다.
방어전은 당연히 1위(해당 업종에서 시장점유율이 가장 높은 기업)의 몫이다.
오로지 1위만이 방어전을 할 수 있는 것이다. 2위 기업은 아무리 1위
와의 차이가 근소하더라도 1위를 향해 공격하고 또 공격해야 한다.

1위 기업의 방어전은 무조건 공격을 막기만 하는 것에서 그치는 것은 아니다. "공격이 최선의 방어이다"라는 격언은 여기에도 적용된다.

만약 방어자가 상당한 우위를 획득했다면, 이 우위를 방패로 삼아 방어자는 반격, 즉 공격에 나서야 한다. 시장의 구도가 우리가 책에서 배운 것처럼 소비자의 요구에 의해 그려지지 않고 오히려 1위의 행보에 따라 짜여 지는 경우가 많은 것은 이런 까닭에서다. 상당한 우위를 획득한 방어자, 즉 월등한 1위가 공격에까지 나서게 되니 시장구도가 거기에 따라 변화하는 것이다.

방어전을 펼쳐야 하는 1위가 반격을 할 경우 누구를 공격하는 것인가? 1위는 2,3위를 공격하지 않는다. 1위는 자신을 공격함으로써 최선의 방어전략을 펼쳐야 한다. 자사의 제품이나 브랜드간 다소간의 '자기잠식(Cannibalization; 제 살 깎아먹기)'이 일어나더라도 시장에서 자신이 차지하는 전체 몫을 늘려야 한다는 것이다.

빅(BIC)에서 1회용 면도기를 출시했을 때 질레트(Gillette)는 자기잠식을 감내하면서 1회용 면도기를 출시했다. 질레트의 이러한 즉각 대응은 기존 제품의 점유율이 조금 떨어지더라도 면도기 시장에서 자신들의 전체적인 몫을 키우는 '파이 키우기(Enlarging Pie)' 대응의 모범이 됐다. 맥심 커피믹스는 경쟁자가 '카제인 나트륨'을 소재로 공격해오자 카제인 나트륨이 없는 '맥심 화이트 커피믹스'로 대응했다. 기존 맥심 커피믹스의 시장을 조금은 스스로 깎아 먹었지만 전체적으로 가져 오는 자신의 몫은 키웠다.

만일 자신을 공격하는 적극성이 발휘되기 어려운 상황이라면 1위는 최소한 '물 타기'라도 할 수 있어야 한다. 무자비함이 1위 기업에겐 오히려 덕목이 된다. 1위에게 위협이 될 만한 신제품으로 공격해오는 추격자에 대해 1위는 유연한 포트폴리오 전략을 통해 경쟁 브랜드에 즉각적으로 대응해야 한다. 강력한 경쟁 브랜드와 매우 유사한 포지셔닝을 창출, 더 중요한 주력 브랜드가 경쟁브랜드에 구애 받지 않고 위상을 유지할 수 있도록 해야 한다. 본진을 지키기 위해 자존심이 상하더라도 거의 'Me too'에 준하는 브랜드를 경쟁 브랜드의 진출을 막기 위한 용도로 배치해야 한다. 강력한 도전자의 진출을 막기 위해 많은 경우 희생하게 되는 브랜드를 방패(Flanker 혹은 Fighter) 브랜드라고 한다.

　AMD가 낮은 가격으로 맹렬히 도전해 왔을 때의 인텔(Intel)의 대응 사례가 좋은 예다. 인텔은 주력 브랜드 펜티엄(Pentium)의 시장 가격을 같이 낮추지 않고 셀레론(Celeron)을 저가 방패형 브랜드로 도입해 대응한 바 있다. 1위를 맹렬히 공격하려는 추적자의 입장에서 보면 참 골치 아픈 일이 된다. 공격하는 입장에서 보면 마치 목표물이 제자리에 가만히 있지 않고 계속해서 움직이는 것과도 같은 셈이 된다. 움직이는 타겟은 당연히 고정된 타겟보다 맞추기 힘든 법이다.

전면/측면/게릴라전 중 하나를 택해 공격한다

　1위가 아닌 모든 기업들은 공격전을 해야만 한다. 공격전의 형태가 기업의 시장지위에 따라 몇 가지로 나뉘게 될 뿐이다. 물론 모든 공격은 기습적일수록 효과가 크다.

1. 전면 공격을 하는 2위, 도전자(Challenger) - 상대는 '소비자의 습관'

공격전을 펼친다고는 해도 추격자들 모두가 똑같은 공격전을 펼칠 수는 없다. 왜냐하면 추격자 그룹에서도 힘의 원칙, 즉 수적 우위의 원칙은 엄중히 작용하기 때문이다. 따라서 전면 공격을 펼칠 수 있는 추격자는 2위 기업, 혹은 2위에 근사한 3위 기업까지로 한정된다.

전면 공격에서 중요한 것은 우선 공격이 지속적이어야 한다는 것이다. 따라서 지속적인 공격을 유지할 화력이 불충분할 경우 쉽사리 전면전에 나서지 말아야 한다. 간헐적인 공격에 무너지는 1위는 그다지 쉽게 찾지 못한다.

전면공격을 펼치는 기업은 자신의 점유율을 올리는 것보다 리더의 점유율을 감소시키는 것을 더욱 중요한 전략 목표로 삼아야 한다. 그렇기에 전면 공격을 펼치더라도 전선은 가능한 짧게 유지하는 것이 좋다. 단일 전선에서 집중하여 싸우는 것이 유리하기 때문이다.

특히 전면전을 펼치는 2위는 비상한 각오를 가져야 한다. 습관처럼 1위 제품을 사는 소비자의 인식을 바꾸지 않으면 역전이 되지 않기 때문이다. 전면전의 상대는 표면적으로는 1위 제품이지만 사실 2위가 싸워야 할 대상은 '별 생각 없이 1위 제품을 사는 소비자의 습관'인 것이다. 결코 쉽지 않은 싸움이다. 소비자로 하여금 뭐라도 생각하게 만들어 습관을 버릴 수 있게 하는 것이 어찌 쉽겠는가? 전면 공격을 수행하는 2위의 전략과제는 '소비자가 해당 시장을 바라보는 시각'을 아예 바꾸는 것이 된다.

'특별히 어떠어떠한 우리와 그렇지 못한 나머지 잡것들'로 소비자의 인식을 둘로 나눌 수 있어야 전면전은 성공할 수 있다. 이전까지 소비자가 중요하게 생각하지 않던 '물'을 무기로 시장지위를 역전시킨 하이트가 대표적인 사례다. '특별히 물이 좋은 하이트와 그렇지 못한 나머지 맥주들'로 소비자의 인식을 나눈 'View Change'를 통해 성공한 드문 경우다.

● 1등보다 더 사랑받는 2등이 되기 위한 전면전

마케팅 불변의 법칙 중에 '이원성의 법칙(The law of duality)'이 있다. 결국 모든 시장은 두 마리의 말만이 달리는 경주가 된다는 얘기다.

오랜 시간을 놓고 보면 마케팅 전쟁은 두 거물이 싸우는 형태 즉 2파전으로 흐르게 된다는 것이다. SKT와 KT 그리고 네이버와 다음 사이에 벌어지는 치열한 전쟁을 생각해 보면 쉽게 이해가 될 것이다.

2등은 1등을 목표로 전면전을 펼쳐야 한다. 1등이 된다는 것은 대개의 경우 점유율에서 역전하려는 것이다. 하지만 예외적으로 2등이 전면전을 벌이면서도 최종 목표가 시장점유율의 역전이 아니라 1등을 앞서는 호감도의 확보인 경우도 있다.

1등보다 더 사랑받는 2등이 되는 것을 목표로 한 전면전도 있을 수 있다는 말이다. 2등이 1등보다 더 사랑받게 되면 많은 이점을 누릴 수 있게 된다. 매출에선 뒤져도 수익률이 높아지는 것이 대표적인 이점이다.

글로벌 차원에서 보면 삼성과 애플의 전쟁이 이원성의 법칙이 잘 드러나는 케이스가 된다. 맥도널드와 버거킹의 전쟁도 이원성의 법칙을 따르는 것으로 보인다.

햄버거 시장의 절대 강자 맥도날드와 굳건한 2위 경쟁자인 버거킹, 한 때 두 업체는 햄버거 전쟁으로 불릴 만큼 공격적인 마케팅을 해왔다, 하지만 최근 들어 햄버거 시장이 점점 줄어드는 위기가 닥쳐오자 버거킹은 1등보다 더 사랑받는 2등이 되는 것을 목표로 전면전을 구사하고 있다.

2015년 9월 21일, 세계 평화의 날을 맞이해 버거킹은 양사의 대표 메뉴를 적절히 섞은 '맥와퍼(McWhopper)'를 단 하루 동안 내놓자고 8월에 제안한다. 언론에도 내용을 공개하였고 동시에 mcwhopper.com이라는 사이트도 오픈해 실행 계획을 일반인들에게 알렸다. 21일 당일, 양사의 본사가 위치한 곳의 중간지점인 애틀란타에 매장을 설치하자는 내용, 양사 대표메뉴 조리법을 결합한 맥와퍼 레시피, 그리고 패키지와 직원 유니폼에 이르기까지 매우 구체적인 정보들을 공개적으로 올려놓고 취지에 맞게 수익금은 UN에 전액 기부하자고 했다. 햄버거 매니아들은 열광했고, 일반인에게 까지 크게 회자되자, 뉴스 기자들은 맥도날드에 제안 수긍 여부를 물어보기까지에 이른다.

아쉽게도, 맥도날드 사장은 버거킹의 제안을 거절했다. 버거킹은 다른 여러 로컬 햄버거 브랜드들과 'PEACE DAY 버거'를 실제 출시해 경쟁자인 맥도날드 없이, 평화의 날 이벤트를 집행했다. 1등의 점유율을 기준으로 하지 않고 '마음 점유율'의 확보를 목표로 1등보다 더 사랑받는 2등이 되려는 전면전의 한 전투를 치룬 것이다.

2. 측면 공격을 해야 하는 3, 4, 5위 - 기습적으로 전선을 바꿔라

추격자 그룹에서 전면 공격을 펼칠 수 있는 기업의 바로 뒤에 있는 다른 기업들은 측면공격으로 전략을 펼쳐야 한다. 가장 훌륭한 측면 공격은 경쟁이 없는 곳에서 싸우는 것이다. 새로운 시장을 만들어 내거나 새로운 제품인 것처럼 인식되게 만들면 되는 것이다. 이거야말로 '블루오션'을 찾는 혁신이다.

전혀 새로운 신제품이란 갈수록 찾아보기가 어려워진다. 그렇기에 시장을 새롭게 재규정하거나 새로운 제품으로 포지셔닝하는 것이 유력한 전략대안으로 부상하게 된다. 새로운 시장을 규정하기 위해서는 남다르게 시장을 나눠 보려는 노력, 즉 참신한 시장세분화의 추구가 필수적이 된다. 이를 통해 새로운 카테고리를 만들어 낼 수 있다면 베스트다.

가전 3사의 공고한 체제에 맞서 김치냉장고라는 새로운 카테고리를 만들어 내고 이를 통해 측면공격에 성공한 위니아 딤채가 모범 사례다. 이러한 새로움의 추구는 측면공격을 펼치는 기업의 입장에서는 리더가 제대로 알아차리지 못한 시장을 선점한다는 의미를 가지게 되며 성공적인 시장 선점을 통해 전면공격에 나설 힘을 비축한다는 점에서 사활적인 이익이 달려 있다.

측면 공격은 전면 공격보다 훨씬 더 기습적으로 이뤄져야 한다. 측면 공격을 벌이는 기업이 수적우위를 앞세울 수 있는 경우는 없기 때문이다. 측면 공격을 위한 단서는 마케팅 믹스 모두에서 찾을 수 있다. 제품 · 가격 · 유통 그리고 촉진 모두에서 측면공격의 여지는 남아 있다. 제품이나 촉진은 원래가 독특함을 추구해야 하는 영역이다. 따라서 대개는 가격이나 유통에서 측면공격의 단초를 찾는 것이 생산적이다. 델(Dell)컴퓨터는 통신판매라는 유통에서의 새로움을 통한 측면 공격 성공사례가 된다.

'토요코인(Toyoko-inn)'은 저가전략을 통해 측면공격에 성공한 경우에 해당한다. 특히 토요코인은 단순한 저가전략만으로 성공했다고 평가해서는 안 된다. 숙박업의 본질을 추구했고 그 결과로 저가정책을 쓰게 된 것임을 명심하자.

숙박업의 본질은 여행객이나 출장객의 숙소를 제공하는 것이다. 아침밥을 먹을 수 있어야 하고…. 그런데 왜 호텔(특히 비싼 호텔)은 대중교통이 닿기 힘든 곳에 있는가? 숙박업의 본질보다는 다른 것으로 돈을 벌기 때문이다. 토요코인은 본질과 상관없는 것은 과감히 없앴다.

컨시어지* 없다. 벨 보이 없다. 호텔 안에 바, 레스토랑 없다. 아침식사를 제공하는 공간은 있다. 기차역이나 전철역 근처로 무조건 출점한다. 이용객의 교통편의를 위해서다. 델이나 토요코인 모두 경쟁자가 없는 싸움터로 기습적으로 전선을 변경한 것이다.

3. '게릴라전에 나서라' 나머지 Followers – 골목대장이면 어떤가

측면공격마저도 쉽지 않은 추격자가 선택해야 하는 공격전략이 바로 게릴라전이다. 게릴라전에서 가장 유념해야 할 것은 공격이 성공하고 나서도 충분히 방어할 만한 적절한 크기의 세분시장을 명확히 선정해야 한다는 점이다. 리더에게는 '아깝긴 하지만 굳이 공격하기에는 귀찮은 시장'인 곳을 선택해야 한다는 것이다. 마치 삼국지에 나오는 '계륵'과도 같은 성격의 세분시장이라 하겠다.

과거의 롤스로이스(Rolls-Royce)가 측면 공격의 모범사례가 된다. 롤스로이스가 선택한 세분시장은 말 그대로 '럭셔리'(Luxury) 시장이었다. 벤츠의 입장에서 보면 분명 먹을 것이 있어 보이는 시장이지만 그 시장만을 위해서 준비를 따로 하는 것은 회사 전체로 볼 때 오히려 도움이 되지 않던 규모의 시장이었던 것이다.

롤스로이스의 핵심가치는 '100% 수작업으로 만든 최고급 승용차'란 것이다. 벤츠가 굳이 100% 수작업을 통해 경쟁해서 뺏어 오기에는 롤스로이스가 차지하던 시장은 그리 매력적이지 않았던 것이다. 작아서

---

* Concierge, 콘시에르주, 호텔에서 손님을 위한 서비스의 처리를 담당하는 사람

리더가 탐내기엔 애매하지만 혼자 먹고 살기에는 충분한 계륵같은 시장을 유지하는 것이 게릴라전의 핵심이다.

잊지 말자. 롤스로이스의 핵심가치는 '100% 수작업으로 만든 최고급 승용차'가 아니다. 롤스로이스의 본질은 '비싸게 팔기 위해서 하지 않아도 될 수작업을 일부러 100%하는 차'임을.

게릴라전이 성공하기 위한 조건에는 시장변화에 대한 기민한 대처도 있다. 작은 조직이 가지는 이점을 극대화해야 하는 것이다. 시장의 흐름에 재빠르게 편승해야 한다는 것이다. 트렌드로 굳어지기 전에 시장에서 유행하는 흐름을 재빨리 받아 들여 제품에 반영하는 것이다. 조금만 유행할 것 같으면 발 빠르게 게릴라전을 수행하는 상품으로 만들어 내야 한다.

트렌드가 아닌 유행이니 오래지 않아 지나갈 수 있다. 그러면 어떠한가. 그 유행이 지나면 어차피 또 다른 유행이 기다리고 있을 것이다. 무게가 가벼운 게릴라의 강점이 무엇이겠는가? 유행 지날 것 같으면 또 다른 유행을 반영하는 신제품으로 잽싸게 갈아타는 기동성이야말로 게릴라전의 특징 아니겠는가 말이다.

지금까지 나온 얘기를 〈그림〉으로 정리해봤다. 다음의 〈그림〉은 경영 자원에 따라 방어와 공격 중 무엇을 택해야 하는 것인지 또 각 유형별로 대표적으로 수행하는 구체적인 대응방안은 무엇인지를 종합적으로 정리한 것이다.

요약하면 이렇다. 리더만이 방어한다. 나머지는 모두 공격해야 한

다. 2위는 전면 공격을, 3~5위는 측면 공격을, 나머지는 모두 게릴라
전에 나서야 한다. 대부분의 기업은 게릴라전을 수행해야 한다.

〈그림〉 경영 자원에 따른 공격과 방어

大 ←———— 양적 경영 자원(판매력 · 자금 등) ————→ 小	
Leader : 방어	Niche : 측면공격
· Enlarging Pie · 방패브랜드 도입	· 새로운 카테고리 도입 · 유통/가격 특화
· 단일 전선 · View Change	· 계륵 같은 시장 고수 · 유행에 기민하게 대응
Challenger : 전면공격	Follower : 게릴라전

高 ↑ 질적 경영 자원 (기술력 · 브랜드 등) ↓ 低

'미리 보되 넓게 보라'
적은 어디에든 있다

전략에 대한 생각법 8

'파괴자'와 '침입자'의 존재를 항상 경계한다

기존의 경쟁전략은 '힘의 원칙'을 바탕으로 도출됐다. 마케팅 전쟁을 벌이는 상황에서 기업의 힘은 시장 내의 시장점유율과 거의 일치한다고 보고 시장점유율에 따른 시장지위(리더냐 추격자냐)를 전략을 전개하는 기본 출발점으로 본 것이다. 펼칠 수 있는 전략의 형태가 시장지위에 따라 전혀 다르다는 점을 강조했다. 리더만이 방어전을 할 수 있다.

추격자는 공격전을 펼치게 된다. 하지만 동일시장내 시장지위에 따라 추격자의 공격전도 그 양상은 각기 달라진다.

1. 기존 경쟁전략의 한계

경쟁전략의 개념은 지금도 많은 가르침을 우리에게 준다. 하지만 한계도 분명 존재한다. 20년 전만 하더라도 크게 문제가 되지 않을 수 있는 그 한계는 '동일 시장 내 기업들의 시장지위'가 전략을 펼치는 양상을 결정짓는 가장 중요한 요인이라는 관점 때문에 생긴다. 디지털 기술의 발전은 이전의 경쟁과는 다른 양상의 경쟁을 가속화시켰다.

요즘에는 경쟁이 같은 업종에 있는 기업에 의해서만 촉발되지 않는 경우가 많다. 이런 경우 기존 경쟁전략의 틀(동일시장 내의 시장지위에 따른 선택)만으로는 현상을 해석하거나 예측하는데 큰 난점이 생긴다.

기술, 특히 디지털 기술의 발전에 따른 산업부문의 무경계화 추세는 기존 경쟁전략의 틀을 뛰어 넘는 새로운 시각의 경쟁전략을 생각하도록 강요하고 있다. 특히 리더기업에겐 생각의 전환이 시급하다. 방어전을 펼쳐야 하는 리더기업의 경우 경쟁이 동종업계가 아닌 다른 업계에서 온 적으로 부터 촉발될 수 있다는 사실을 특히 명심해야 한다.

리더기업의 입장에서 한 번 생각해 보자. 리더기업에게 위협이 되는 '적'은 어디에서 찾아야 하는가? 기존의 경쟁전략에서는 전면전을 벌이는 추격자와 측면공격 혹은 게릴라전을 벌이는 보다 하위의 추격자들을 리더기업의 적들로 규정하게 된다. 물론 그 적들 또한 리더기업이 속해 있는 동일 시장에 있다. 과연 그것이 전부일까? 핸드폰에 카메라가 달리고 MP3 플레이어에도 카메라가 달려 나왔었다. 디지털 카메라로는 MP3 파일을 들을 수도 있었다. 스마트폰이 등장하면서는 대부분의 소비자가 스마트폰 하나로 디지털 라이프를 즐길 수 있게 됐다. 이처럼 디지털 기술의 발전은 제품의 무경계화 추세를 가속화시킨다. 적이 타 업종에 있을 확률은 더욱 높아진 것이다.

　디지털 경쟁시대, 리더기업의 적은 누가 될 수 있는 걸까? 먼저 파괴자(Buster)가 어디엔가 숨어 있다. 요즘의 경쟁에서는 리더기업이 속해 있는 업계 자체를 파괴하여 약진하는 업계 파괴자가 있다는 것이 특징이다. 다른 업종에서 진출해 리더기업이 속해있는 업계 자체를 파괴하는 적이 파괴자라면, 다른 업종에서 진출하였으나 업계는 존속시키는 침입자(Invader)가 또 하나의 적이 된다. 동종 업계에 있으면서 리더기업을 공격하는 적은 도전자(Challenger)이다. 이러한 시각에서 본다면 기존의 경쟁전략은 결과적으로 파괴자 · 침입자 · 도전자 중에서 도전자만을 세밀히 묘사한 것에 불과하다.

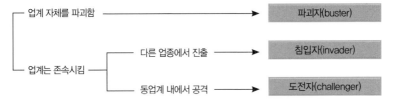

〈그림〉 파괴자, 침입자, 도전자

파괴자와 침입자에 대해서 고려하지 않고 있다는 것, 타 업종에서 진출한 적을 생각하지 못 한 것…. 이것이 기존 경쟁전략의 한계점인 것이다.

　온라인 환경이 세계 최고 수준인 우리나라에서 MP3 플레이어가 일반화되면서 가장 크게 피해를 본 제품은 무엇이었던가? 워크맨으로 대표되는 휴대용 카셋트 플레이어 혹은 CD 플레이어이다. MP3 플레이어가 처음 나왔을 때 그것이 카셋트 플레이어를 생산하는 자신들의 강력한 적임을 분명하게 인식한 기업은 얼마나 되었을까? 아마도 '업계의 적'이라는 인식조차 없지 않았을까? 물론 MP3 플레이어가 스마트폰에 밀려 거의 자취를 감추게 될 것이라고 넓게 바라 본 사람도 사실 별로 없었다. 아이폰이 집어 삼킨 브랜드는 무릇 그 얼마이며 파괴시킨 업계는 몇 개나 될까? 아이폰이야말로 무서운 파괴자이지만 많은 사람들에게는 고마운 브랜드일 것이다.

2. 파괴자 · 침입자의 전략

파괴자의 전략은 본질을 중시하는 인식에서 출발한다. 바로 '고객이 상품의 무엇에 매력을 느껴 돈을 지불하는 것일까' 즉 '어떤 기능 때문에 구매하는가'를 정밀하게 분석하는 것에서 전략을 전개한다는 것이다. 파괴자는 기존의 시장리더가 제공하는 핵심기능을 그대로 제공하되 기존의 제품과는 다른 형태로 제시함으로써 시장리더의 제품을 대체하여 성공하고자 한다. 따라서 리더의 입장에서 본다면 업종이 다르더라도 자신의 제품이 제공하는 기능과 본질적으로 동일한 기능을 전달하는 다른 업종의 제품에 대해서는 끊임없이 경계하고 대비해야 한다.

일본의 경우 도시마다 천문대가 성황을 이룬다. 일본의 아이들이 우리나라 아이들보다 별을 더 좋아해서? 물론 아니다. 별자리 공부하는 학생 때문이 아니라 젊은이의 데이트 장소로 즐겨 이용되기 때문에 천문대가 성황을 이루고 있는 것이다. 도시에서 해가 떠 있는 대낮에도 컴컴한 어둠 속에서 남녀가 같이 앉아 친근감을 높이기에 더할 나위 없이 좋은 장소라는 것이다. 경쟁은 어디하고 일어나는 것일까? 예전에 이런 기능을 수행하던 곳은 영화관이었다. 극장의 경영자가 자신이 제공하는 본질적인 기능을 '영상 엔터테인먼트 제공'이라고만 생각한다면 천문대와의 경쟁에서는 이길 수 없게 될 것이다. 커플좌석이 등장한 것은 이에 대한 대응이었다.

다른 업종에서 진출하는 침입자의 경쟁전략은 기존 업계의 '상식'을 공격하는 것이다. 사실 해당 업계에 있는 기업에게는 당연한 상식으로 받아들여지는 것들 중에 상당부분은 업계 종사자만 그렇게 느낄 뿐 고객이나 다른 업계 사람들이 볼 때에는 아무 의미가 없는 경우도 허다하다. 침입자는 기존 업계의 '제품의 상식' '가격의 상식' '유통채널의 상식' 그리고 '판매촉진의 상식'을 공격해야 한다. 말 그대로 마케팅 믹스인 4P 중에 하나 혹은 그 이상을 기존의 상식을 뒤엎는 방식으로 침입한다. 침입자가 취하는 공격전략은 기존 경쟁전략의 측면

공격과 상당히 유사한 면이 많이 있다. 단지 차이가 있다면 공격자가 온 곳이 다른 업종이라는 것이다. 그래서 상식을 뒤엎는 침입자의 공격전은 소비자들에게 출신이 다른 기업의 새로운 시도로 보여 호평을 받는 경우가 자주 있게 된다. 동네에 있는 잡화점은 아침에 문 열어서 저녁에 닫는 것이 해당 업계에서의 상식이었다. 24시간 영업을 한다는 것은 그래서 침입자의 전략이었다. 편의점이 탄생한 맥락이다.(물론 최초의 편의점인 세븐일레븐은 이름에 걸맞게 아침 일곱시에 열어 밤 열한시에 닫았다.) 24시간 문을 열었더니 수요도 생겨난다. 그리고 그런 수요에 대응하기 위해 점포 자체를 밝게 꾸몄다. 선순환이 일어나고 마침내 시장을 장악하게 된 것이다.

Part 3

마케팅,
원칙의 싸움

"나는 젊은 마케터들에게 과거에서 배워야 하며,
세상이 과거와 달라졌다는 생각을 하지 말라고 당부하곤 한다.
왜냐하면 근본적으로 인간이 살아가는 방식은
과거와 크게 다르지 않기 때문이다."

─Jack Trout, 『마케팅, 명쾌함으로 승부하라』머리말 중

01

'변하지 않는 원칙'에
주목하라

'Some things never change'란 표현을 들어 보았는가? '세상엔 변하지 않는 것도 있는 거지'라는 얘기다.

그렇다. 세상에는 변하지 않는 것들도 많다. 변화를 무시하라는 말은 아니다. 세상의 변화에 주목하지 않으면 뒤처지게 된다는 것도 맞는 말이다.

내가 강조하고 싶은 것은 변화에만 주목하느라 변치 않는 원칙까지도 잊어서는 안 된다는 점이다. 인터넷 세상은 이미 된 지 오래고 모바일은 사람들의 일상 생활에 깊이 침투해있다.

이제 사람들은 30년 전이라면 상상도 하기 힘든 방식으로 정보를 찾고 원하는 상품을 구하며 지불까지도 새로운 방식으로 하고 있다. 모바일의 일상화는 이전에는 없었던 형태의 기업을 등장시켰다.

심지어 '이런 일이 과연 비즈니스가 되는 것일지' 조차 확실하지 않은 일을 하는 기업들이 마치 '첨단을 달리는 기업'으로 소개되는 경우도 왕왕 있다. 놀라운 변화가 아닐 수 없다.

DB(Data Base) 마케팅이 CRM(Customer Relationship Management)이 되고, CRM은 다시 빅데이터가 됐다. 그러는 동안 우리가 미디어나 통신을 소비하는 방식도 엄청나게 바뀌었다.

맞다. 바뀌었다. 그렇다고 우리의 삶이 바닥부터 바뀌었는가? 중요한 가치가 완전히 달라졌나?

인터넷 열풍이 몰아치던 벤처의 시대에서도 스타트업(벤처에서 말만 바뀜)의 시대인 지금에도 기업의 성공 원칙이 그리 바뀌지는 않았다.

"고객의 니즈(Needs)를 선택해서, 경쟁사와의 차별화를 도모하고 자사의 자원집중에 의해 강점을 구축하는 것. 그리고 자사에 있어서 장래의 지속적인 우위성을 확보하는 것."

이같은 기업의 성공 원칙은 예나 지금이나 마찬가지 아닌가? 변화에 주목하되 변화에만 매몰돼 '변치 않는 원칙(Unchangeable)'들을 무시하거나 가벼이 여겨서는 안 된다. 세월을 견디며 살아남은 원칙이나 프레임은 그만한 이유가 있었을 것이다.

이미 괴테(Johann Wolfgang von Goethe)도 잔소리를 남긴 바 있다. '쓸 만한 것은 이미 다 나왔다. 우리가 할 일은 그에 대해 한 번 더 생각하는 것 뿐이다'라고….

불변의 원칙을 생각의 틀로 삼는다

플래너의 역량(문제를 명확히 도출하고 해결책을 제시), 전략가의 안목(우리에게 유리한 조건을 발생시키는 방향성 결정), 거기에 '우리의 이름을 걸고 진심으로 승부하는' 브랜드 챔피언인 레인메이커는 흔들림없이 원칙으로 마케팅을 펼쳐 나가는 것으로 그 완결성을 갖추게 된다.

마케팅은 단순히 반짝이는 아이디어 싸움이 아니다. 원칙에 입각해 많은 생각을 하는 사람이 이기는 게임이다. '생각 많이 하는 사람이' 이기는 싸움인 것이다.

오해는 마시라. '원칙을 잊지 말라는 것'이 마케팅 플래닝의 과정을 기계적으로 따라가면 '마케팅은 다 된다'는 얘기는 아니다.

일반적으로 쓰이는 마케팅 기획의 프로세스는 그동안 현장에서 그 유용성이 충분히 검증되고 충분한 활용가치를 인정받았기에 널리 쓰이고 있는 것이다. 이런 프레임 따위 무시해도 될 정도로 대가가 아니라면 우리는 어떻게 하면 이런 프레임을 더 잘 활용할까를 고민하는 것이 우선이다.

'흐름은 따르되 각 요소별로 잊지 말고 챙겨봐야 할 원칙을 깊이 생각하고 적용함으로써 마케팅 플랜의 완성도를 높이고 마케팅의 성공 가능성을 조금이라도 높이는 것'이 레인메이커의 의무다.

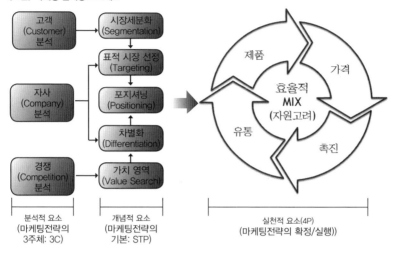

〈그림〉마케팅 플레닝 프로세스

위 〈그림〉은 마케팅 플래닝의 일반적인 프로세스다. 마케팅기획의 일반적인 프로세스는 크게 분석적 요소와 개념적 요소 그리고 실천적 요소의 3부분으로 구성돼 있다.

실천적 요소에는 '개인과 조직의 목표를 만족시키는 교환을 창출하기 위해 제품·서비스의 가격, 촉진 및 유통을 계획하고 실행하는 과정'이라고 마케팅을 정의했던 1985년 미국마케팅협회의 입장이 충실히 반영돼 있다. 4P가 결국 마케팅이 실현되는 축이라는 의미다. 마케팅 전략을 세우는 형식은 이 프로세스를 따르는 것이 가장 무난하다.

02

'Oldies but Goodies'
클래식이 된 마케팅 원칙

'Oldies but Goodies'는 '오래 되었지만 여전히 좋다'는 의미로 보통 발표된 지 오래된 대중음악 명곡을 가리키는 말이다. 그런 평가를 받는 노래 중에서도 더 오랜 시간을 견뎌내고도 여전히 사랑받는 노래는 이제 '클래식'이 된다.

마케팅의 성공을 위해 레인메이커가 유념해야 할 원칙·프레임은 대개 클래식이다. 살아남았으니 강한 것이기도 하겠지만 아무래도 강하니까 살아남지 않았을까?

마케팅에 대한 생각법 1
앤소프매트릭스로 전략의 방향성을 결정한다

'앤소프 매트릭스(Ansoff Matrix)'는 전략경영의 창시자와도 같은 이고

르 앤소프(Igor Ansoff)가 1957년에 발표한 기업 성장 벡터로 기업전략의 방향성을 결정하기 위해 사용되는 2×2 매트릭스다.

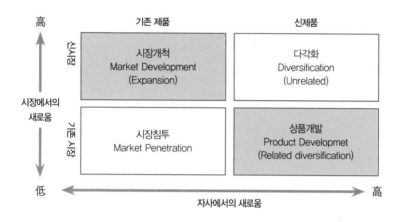

앤소프 매트릭스에서 횡축은 제품의 축으로 기존 제품과 신제품으로 구분되며 종축은 시장을 나타내는 축으로 기존 시장과 신시장으로 이뤄져 있다. 기업전체의 전략방향을 결정하는 용도라고 강조되지만 사업전략은 물론 마케팅전략에도 그 쓰임새는 유용하다. 레인메이커를 지향하는 경영자·사업가·마케팅 담당자들이 간과해서는 안 되는 생각의 틀임을 확신한다.

실제로 나는 앤소프 매트릭스만 소개해 줘도 고마워했던 꽤 많은 클라이언트들을 기억하고 있다. 그만큼 경영자나 마케팅 담당자들이 앤소프 매트릭스에 대해 의외로 생경함을 많이 느낀다는 뜻일 것이다.

네 가지 상황이다. 기존 시장에서 기존 제품으로 승부할 경우와 신제품으로 싸우려 할 경우, 신시장에서 기존 제품으로 싸우려 할 경우와 신제품으로 승부하는 경우 이 네 가지가 전형적인 패턴이 된다. 여러분의 마케팅전략은 어디에 해당하는가?

1. 시장침투 전략: 기존 시장에서 기존 제품을 더 많이 판다.

현재의 시장에서 동일 제품이나 서비스를 더 많이 판매하려는 것이다. 시장 침투의 목적은 기존의 시장에서 추가적인 매출을 올리는 데 있으며 그러기에 보수적인 성장 전략이 된다. 신규고객을 끌어 오거나 기존 고객을 활성화하거나 객단가를 높이는 시도가 일반적이다. 충성도의 측면에서는 일회성 고객을 정기적인 고객으로, 정기적인 고객을 충성도 높은 고객으로 전환시키려는 시도로 실천되곤 한다. 안정적이고 수익률이 높은 대안이기는 하지만 기업의 극적인 도약이나 공격적인 마케팅과는 거리가 먼 전략대안이다. 특히 시장침투는 일반적으로 '저가 정책'이 수반되는 경우가 많다는 것을 유념해야 한다.

2. 상품개발 전략: 기존 시장에 관련 신제품을 판다.

현재시장에서 신제품·서비스를 판매하려는 것이다. 이 전략은 기존 우리의 고객에게 다른 제품을 팔려는 시도가 된다. 기존 제품에 추가해서 사용될 수 있는 제품이나 새로운 제품을 제안하는 경우가 여기에 해당된다. 중요한 점은 기존 제품과 관련성이 있는 상품이어야 한다는 것이다. 전혀 다른 카테고리의 제품을 내 놓은 것이 아니다. 그러기에 상품개발 전략은 '기존 제품과 관련이 있는 신제품 다각화

(Related Diversification)'라 불린다. 흔히 교차판매가 시도되며 기존의 판매 및 커뮤니케이션 채널을 활용하는 경우가 많다. 스타벅스(Starbucks)에서 텀블러를 파는 것, 네스카페(NESCAFÉ)에서 커피메이커를 파는 것이 여기에 해당한다.

3. 시장개척 전략: 새로운 시장에 기존 제품을 팔려 한다.

새로운 시장에서 동일 제품·서비스를 더 많이 판매하려는 전략이다. 주로 경쟁사의 고객을 뺏어 오거나 전혀 다른 시장(예를 들면 해외시장)에 기존 제품을 소개하거나 하나의 시장에 새로운 브랜드를 도입하는 시도로 나타난다. 남성시장에서 팔았다면 여성시장에도 진출하는 것이다. 젊은 층을 대상으로만 팔았다면 중장년층을 대상으로 팔아보려 하는 것이다. 국내에서만 장사하고 있었다면 국외에서도 장사를 해보겠다고 나서는 것이다. 해외진출을 통한 맥도날드의 성장이 여기에 해당한다 하겠다. 2007년 '메로나'로 브라질에 진출한 빙그레도 해당되는 사례다.

4. 다각화 전략: 새로운 시장에서 새로운 제품으로 승부한다.

다각화는 4가지의 대안 가운데서 가장 리스크가 큰 전략이다. 그동안 우리가 만들지 않았던 새로운 카테고리의 제품을 만들어 내고, 그동안 우리가 진출하지 않았던 새로운 시장에서 그 신제품을 팔아야 하기 때문이다. '기존 제품과는 관련이 없는 새로운 카테고리의 제품 만들기(Unrelated Diversification)'이기 때문이다. 일반적으로 이 전략을 채택할 경우 기업은 배수진의 각오로 임해야 한다. 다만, 산업간의 경계가 흐려지고 있는 현대의 추세에서는 기존 사업에서의 핵심역량을 신규 사업에 성공적으로 이전할 수 있다면 고려해 볼 만한 전략대안이 된다. 하지만 결과가 좋으면 '혁신의 성공'이고 안 좋으면 '하던 거나 잘 하지 그랬어?'라는 비웃음을 받게 된다. 신중해야 한다.

● 다시 살아난 후지필름

사진필름 시장은 21세기 들어가 붕괴하기 시작해서 2010년부터는 겨우 명맥만 이어가고 있다. 필름시장의 최강자였던 코닥은 2012년 파산하고 만다. 만년 2등이던 후지필름은 다시 살아났다. 2018년 일본의 후지필름과 미국 제록스의 합작법인인 후지제록스가 모기업인 제록스를 인수했다. 다시 살아난 정도가 아니라 더 커진 것이다. 필름시장이 죽었음에도 후지필름이 살아나고 또 커질 수 있었던 것은 앤소프 매트릭스를 기반으로 한 다양한 시도에 기인한다. 고모리 시게타카(古森重隆) 후지필름 회장은 디지털 카메라가 일반화되면서 사진필름 시장이 본격적으로 하락기에 들으갔던 2003년에 CEO가 됐다. 그가 생각해 낸 후지필름의 회생전략은 앤소프 매트릭스를 활용한 결과였다. 기술을 중심에 놓고 그는 고민했다. 기존 기술로 기존 시장에 적용할 것은 뭐가 있을까? 새로운 기술로 기존 시장에 적용할 것은? 기존 기술 가운데 새로운 시장에 적용할 것은? 새로운 기술로 새로운 시장을 공략할 것은 없을까?

필름을 만드는 데 쓰이는 기술을 면밀히 분석하고 후지필름은 전자소재, 화장품, 의약품, 의료기기 등 다양한 사업에 속속 진출했다. 필름의 주원료인 콜라겐은 화장품 원료, 특히 노화방지 원료로 쓰일 수 있었다. 사진 변색을 막는 항산화 성분 아스타잔틴(Astaxanthin)도 피부 노화를 막는 기능이 있었다. 후지필름은 화장품도 만들고 음료도 만들어 내고 있다. 안티에이징 화장품 '아스타 리프트'를 성공시키고 음료 '아스타 리프트'도 성공시켰다. 기존 기술로 새로운 시장을 공략한 것이다. 또 필름은 얇은 두께, 균일한 표면을 유지해야 되는 것이 관건인데, 이 기술은 LCD(액정표시장치) TV에 꼭 필요한 편광판에 들어가는 'TAC(Triacetyl Cellulose) 필름'을 만드는 신기술로 발전시킬 수 있었다. 신기술로 새로운 시장을 개척한 것이다. 이제 후지필름은 TAC 필름 시장에서는 70%의 점유율로 시장을 거의 독점하고 있다. 비중은 작지만 후지필름의 인스탁스 카메라는 기존 기술로 기존 시장을 새로이 공략한 경우가 된다.

대체할 수 있는 것은 모두 경쟁, 경쟁을 넓게 본다

도널드 리먼(Donald Lehmann)은 경쟁의 수준을 네 종류로 나눠 구분했다. 코틀러도 비슷한 얘기를 했지만 그래도 리먼의 시각을 소개하고자 한다. 코틀러야 워낙 유명한 양반이니 이 책을 읽는 분들이라도 리먼 교수의 이름을 알았으면 좋겠다는 개인적인 의지 때문이다.

〈그림〉 경쟁의 수준

리먼은 시장에서의 경쟁은 소비자의 욕구가 일반적인 것에서 아주 구체적인 것으로 좁혀지면서 그 수준이 달라진다고 봤다. 그는 시장에서의 경쟁수준을 예산상의 경쟁(Budget Competition), 본원적 경쟁(Generic Competition), 제품군 경쟁(Product Category Competition) 그리고 제품형태 경쟁(Product Type Competition)으로 나눴다. 예산경쟁에서 제품형태 경쟁으로 갈수록 소비자의 요구는 구체화된다.

다이어트 콜라를 꼭 먹고 싶다면 경쟁은 '펩시냐 코카콜라냐'로 일어날 것이다. '청량음료를 마시고 싶다'는 욕구 차원이면 경쟁은 다양한 탄산음료를 중심으로 일어나게 된다. 음료를 마셔서 시원함을 느끼고 싶다면 경쟁은 주스나 맥주와도 일어나게 되고 기분 좋은 상태를 느끼고 싶다는 아주 넓은 니즈(Needs)를 충족하고 싶다면 비슷한 돈을 들여서 아이스크림을 먹거나 넷플릭스를 보는 것마저 경쟁이 될 수 있다는 얘기다. 예산상의 경쟁은 전혀 비슷하지 않은 제품군을 다루는 서로 다른 산업군에서도 일어나는 것이다.

레인메이커는 우리가 어떤 수준에서 경쟁하고 있는 것인지 혹은 어떤 수준으로 경쟁을 펼칠 것인지에 대해 명확하게 인식하고 있어야 한다. 두 가지로 활용되는 원칙임을 기억하자. 리더 기업의 경우 잠식

될 가능성이 있는 특정시장이 어디로부터 연유하는지를 알아내고 사전에 대비책을 세울 수 있는 원칙으로 활용하면 된다.

추격자의 경우라면 경쟁의 범위를 넓힘으로써 시장공략을 위한 신제품개발 혹은 커뮤니케이션 방향 설정에 활용할 수 있다. 모양이나 형태는 다르더라도 사용자에게 제공하는 혜택이 같다면 어쩔 수 없이 경쟁이란 점을 명심하자.

싸이월드 열풍이 불었을 적, '초등학교 앞 떡볶이 집의 경쟁상대는 근처 분식집이 아니라 싸이월드'라는 마케팅 농담이 있었다. 애들이 하교 때 떡볶이 안 사 먹고 그 돈으로 '도토리'를 사니까. '경쟁 넓게 보기'의 원칙은 간단하다. '고객이 나 아닌 다른 것을 택할 경우, 다른 것은 모두 나의 경쟁자'란 것이다.

나를 대체할 수 있다면 그것은 모두 경쟁의 대상이다. 대체가능성(Substitutability)이 있는 것은 모두가 경쟁자이며 때로는 같은 상품으로 경쟁하는 경쟁자보다 더 위협적임을 잊지 않아야 한다.

대체가능성이 있다면 모두 경쟁이라는 원칙은 고 정재윤 씨의 책 제목이기도 한 『나이키의 경쟁상대는 닌텐도다』란 표현이 잘 웅변하고 있다. 대체가능성? 그렇다면 고객들은 왜 나를 택하지 않고 경쟁자(그것도 같은 제품군에 있지도 않은 경쟁자)를 택하기도 하는가? 이유는 하나밖에 없다. 고객들이 경쟁자로부터 얻는 혜택이나 가치가 우리로부터 얻는 그것에 비해 훨씬 크기 때문인 것이다.

예전의 마케팅이 '제품을 제공하고 그 대가로 돈을 받는 것'이라면 현재의 마케팅은 '가치나 의미를 제공하고 그 대가로 충성도를 받는 것'임을 잊지 말자.

SCA로 기업생존의 방법을 우선 결정한다

전략적 경쟁우위(SCA; Strategic Competitive Advantage)는 기업이 살아남기 위해서 취할 수 있는 근본적인 옵션에 관한 원칙이다. 경쟁우위를 확보해서 잘 먹고 잘 살려면 어쩌면 좋을까를 고민하는 그런 한가한 얘기가 아니다.

마케팅에 적용하면 이렇다. 우리가 제품을 시장에 출시하는데 우선적으로 생존을 보장받으려면 어떤 방향을 선택해야 하는지를 알려주는 원칙이 된다.

잘 되고 또 1등이 되고 이런 모든 기대는 우선 우리가 심혈을 기울인 신제품이 시장에 안착한 이후에나 생각해 볼 문제일 것이다.

〈그림〉 **전략적 경쟁우위**

구 분		경쟁우위의 유형	
		낮은 가격에 소구	지각된 특이성에 소구
경쟁의 범위	넓은시장	비용우위전략	차별화 전략
	좁은시장	집중화 전략	

진화론에도 '상호배척 원리(Mutual Exclusion Principle)'가 있다. 어떤 종

류의 생물이든지 살아가는데 중요한 활동 가운데 적어도 하나는 적보다 더 잘해야 장기적으로 살아남을 수 있다는 것이다.

전략적 경쟁우위란 그러니까 살아남으려면 뭐라도 하나 잘 해야 하는데 무엇을 우선 선택할 것인가를 밝혀주는 원칙이라 하겠다.

'전체시장에서 싸워서 살아남을 것인가' 아니면 '아예 시장을 좁혀서 살아남을 것인가'를 먼저 결정해야 한다. 넓은 시장에서 싸우기 위해서는 '비용우위로 싸울 것인지' '차별화로 싸울 것인지'를 결정해야 한다. 하여간 살아남으려면 미리 한 방향은 결정하고 싸움터에 나가야 한다.

레인메이커는 싸우면서 결정하지 않고 싸우기 전에 미리 결정해야 한다. 군더더기 비용을 제거하는 '비용우위 전략', 독특하게 보이는 '차별화 전략', 틈새시장만을 공략하는 '집중화 전략' 중 어떤 방향을 생존의 방법으로 택할 것인지 미리 정해야 한다. 물론 집중화도 '비용 집중화'와 '차별적 집중화'로 나눠지긴 한다. 여기에서는 크게 세 가지로만 나눠서 살펴보자.

1. 비용우위 전략

비용우위 전략은 기업이 산업군내에서 저비용 생산시스템을 갖춘다는 것을 의미한다. 비슷한 제품을 싸게 팔 수 있어야 한다는 뜻이다.

낮은 가격으로 소구하는 마케팅이다. 흔히 경험곡선에 따른 규모의 경제*가 이 전략을 설명하는 데에 쓰이고 있다.

비용우위 전략은 두 가지 형태 중 하나로 펼쳐질 경우 성공가능성이 높아진다. 시장 표준 가격으로 판매하되 비용을 절감해 이윤을 높이는 형태가 그 하나가 된다. 아니면 시장 가격보다 저렴한 가격에 판매해서 시장점유율을 우선 높여 놓는 것이다.

비용우위 전략을 선택할 경우 봉착할 수 있는 난점은 대부분의 비용 절감 방식이 새로운 방법이 아니기 때문에 경쟁자들이 우리의 비용 절감 전략을 재빠르게 모방할 수 있다는 것이다. 그러니까 항상 개선해야 한다. 비용을 줄이기 위한 방법을 끊임없이 모색해야 한다. 월마트, 사우스웨스트 항공 등이 대표적인 기업이다.

● 정수기까지 원가에 파는 샤오미의 비용우위 전략

샤오미(小米, Xiaomi)는 스마트폰뿐 아니라 수십 가지 가전제품을 파격적인 가격에 내놓고 있다.(T타임스 기사, http://goo.gl/LkJWvb) 저렇게 팔아서 남는 게 있을까 싶을 정도다.

35만 원 짜리 전동 스쿠터, 88만 원짜리 55인치 스마트 TV도 내 놓았다. 이미 공기청정기, 혈압측정기, CCTV, GPS가 달린 여행용 트렁크 등 수많은 제품들을 발매하고 있다. 하나같이 저렴한 가격으로. 사진에 있는 미밴드는 핏빗(Fitbit), 조본(Jawbone)과 같은 유명한 피트니스 밴드의 1/5 수준의 가격으로 팔리고 있다. 샤오미는 분명 비용우위 전략을 차용하고 있다.

그런데 비용우위를 가져오는 전통적 요인인 경험곡선이 그렇게 크

---

* Economy of Scale. 생산량을 증가시킴에 따라 평균비용이 감소하는 현상

게 작용하지는 않고 있는 것 같다. 대량생산을 통한 단가 인하 효과가 어느 정도는 있겠지만 실제 생산량을 고려하면 그것이 결정적이진 않은 것으로 보인다. 조금은 무리하게 싸게 파는 것 같다는 말이다. 물론 그래도 수익은 남기고 있다.

오프라인 매장, TV광고는 없고 판매는 온라인 몰에서만 이뤄지다 보니 스마트폰 1대당 재고관리 및 유통비용이 화웨이(華爲, Huawei)의 1/50에 불과하기 때문이다.

샤오미가 스마트폰은 물론이고 관련성이 없어 보이는 여러 종류의 전자제품까지 원가에 가까운 싼 값으로 파는 이유는 단순히 비용우위 전략을 철저히 집행하고 있는 것이라고 설명하기에는 충분하지 않다. 숨어 있는 이유는 샤오미의 야심 때문이다.

샤오미는 모바일 생태계를 장악하고자 하는 것이다. 싼 값에 하드웨어를 보급하고 나서는 소프트웨어로 수익을 챙기겠다는 노림수이다. 샤오미는 이미 판매된 제품에 운영체제만 얹어도 돈이 될 것이란 확신을 가지고 있다. 사물 인터넷(IoT, Internet of Things)을 장악하겠다는 것이다. 무서운 노림수가 아닐 수 없다.

'샤오미는 애플, 구글, 아마존을 합한 회사'라고 샤오미의 CEO 레이쥔(雷軍)은 말한 바 있다. 빈 말이 아닌 것이다.

'싸게 파는 중국회사'라는 식

출처: http://goo.gl/3lhqJC

으로 샤오미를 조금 얕잡아 보는 시각은 곧 사라지게 될 것이다. (사물 인터넷의 시대라? 무섭지만 모든 물건이 해킹된다는 얘기다.)

2. 차별화 전략

차별화를 달성한다는 것은 한 기업이 그 기업이 속한 산업 내에서, 구매자들에게 폭넓게 인정받는 독특한 영역을 갖춰야 한다는 말이다. 지각된 특이성에 소구하는 마케팅이 된다.

'지각된 특이성'이 중요하다. 실제로 '다른 것 만큼이나 다른 것으로 여겨져야 하는 것'이 중요하다는 말이다. '다른 것'보다 '달라 보이는 것'이 핵심이다. 하지만 '달라 보이게 만드는 것'이 쉬운 일은 아니다. 돈도 많이 들 수밖에 없다.

'나음보다 다름'이란 말? 좋은 얘기다. 하지만 현실을 잊어서는 안 된다. 레인메이커는 차별화를 추구함에 있어 수반되는 비용을 무시해서는 안 된다.

제대로 차별화를 이뤄내기 위해서는 차별화에 영향을 미치지 않는 모든 영역에서, 비용을 감소시키는 노력을 반드시 해야 한다. 바디샵 (Bodyshop)이나 나이키 등 성공적인 마케팅을 구가하는 많은 기업이 이 전략을 구사하고 있다.

3. 집중화 전략

집중화 전략은 틈새시장에 집중하는 것이다. 전체시장에서 싸우지 않고 작은 시장에 몰두하는 전략이다. 시장의 특성과 독특한 소비자

요구를 재빠르게 이해하고 틈새시장에 맞는 특화된 상품을 개발해야한다. 집중화 전략을 선택해서 성공적으로 특정 소비자 취향에 재빠르게 부응할 수 있게 되면 그 결과 강력한 브랜드 충성도를 구축하는 경우도 많다.

브랜드에 대한 소비자의 충성도 때문에 경쟁사들이 틈새시장에 선뜻 접근하지 못하는 것이 도리어 장점이 되기도 한다. 김치냉장고 카테고리를 만든 위니아 딤채가 대표적인 사례가 된다.

● V 곡선 – 죽음의 계곡

경쟁에 대한 기업의 전략 방향이 확실할 때만 살아남아 수익을 올릴 수 있다는 V곡선이다. 표현이 무시무시하다. '죽음의 계곡'이다.

특정 틈새시장에서 집중하거나 차별화 우위를 추구하는 기업들은 시장점유율은 낮을 수 있으나 높은 수익성을 실현할 수 있다는 얘기다. 비용우위를 실현하는 기업은 표준화된 제품 대량생산을 통해

〈그림〉 V곡선

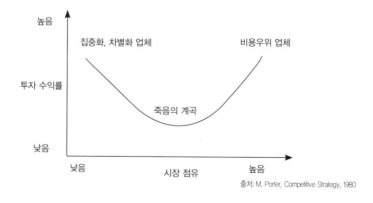

출처: M. Porter, Competitive Strategy, 1980

높은 시장점유율을 유지하면서 높은 수익성을 실현할 수 있다는 말이다.

비용우위, 차별화, 집중 중 뭐 하나라도 제대로 해야 한다는 마이클 포터의 잔소리! 물론 김위찬과 르네 마보안(Renée Mauborgne)은 '블루오션'에서 차별화와 비용우위를 동시에 추구하는 것이 가치혁신이라고 주장하기도 했다.

03

'무조건 튄다'고
차별화가 아니다

차별화가 무엇인가 물어보면 흔히 듣게 되는 답은 '달라야 산다.' '어떻게든 남과는 달라야 한다'란 것이다. '경쟁자와 달라야 한다'는 강박관념은 대부분 제품이나 서비스를 다르게 개선하는 차별화를 지향하게 만드는 경우가 많다. 그런데 제품·서비스 차별화는 비용도 만만찮게 소요된다. 더 중요한 것은 제품은 월등하게 차별화 됐음에도 불구하고 수익이 전혀 개선되지 않거나 오히려 손해가 날 수도 있다는 점을 깨닫는 것이다.

심지어 다르게만 만들려 하다보면 딱히 고객이 원치 않는 속성을 개선하느라 자원의 낭비를 초래하는 경우도 있다. 고객의 눈이 아닌 기술자의 관점으로 제품을 바라봄으로써 고객에게 별로 필요하지도 않은 기능을 만들어 놓고는 차별화했다고 자부하다 보면 이런 문제는 앞으로도 생길 수 있다.

차별화는 무조건 다르면 되는 것이 절대 아니다. 차별화는 독특한 가치를 제공하려는 '남다른 규정'이다.

차별화는 제품으로만 하는 것이 아니다

마이클 포터의 가치사슬에 따르자면, 모든 조직에서 수행되는 활동은 본원적 활동(Primary Activity)과 지원 활동(Support Activity)으로 나뉜다. 가치사슬이란 고객에게 가치를 주는 기업의 활동(Performance)과, 이 활동을 가능케 하는 생산 과정(Process)이 밀접하게 연결돼 고객의 욕구(Needs)를 충족시키는 전체 과정이다. 간단히 말해 기업이 결과적으로 이윤을 얻도록 만드는 모든 활동이 어떻게 연결돼 있는가를 밝혀준 것이다.

〈그림〉 마이클 포터의 가치사슬(Value Chain)

차별화는 기업의 기반구조에서 서비스에 이르는 가치사슬의 전과정 중 어디에서도 가능하다는 것을 명심하자. 레인메이커라면 제품·서비스를 다르게 하는 것만이 곧 차별화란 단견에서 벗어나야 한다. 전혀 다른 제품을 만든다는 것 자체가 힘들어진 기술평준화 시대에 살고 있음도 잊지 말아야 한다.

● 인적자원에서의 차별화 - ED존스 증권사

금융업은 제품·서비스의 차별화가 매우 어려운 업종이다. 증권사도 그러하다. 자본시장이 가장 발달한 미국 증권업계에서 차별화 전략으로 성공을 거둔 증권사로 에드워드 존스(Edward Jones)가 꼽힌다.

전 세계 자본시장을 주무르는 초대형 증권사가 즐비한 미국시장에서 에드워드 존스는 탁월한 차별화전략의 모범사례가 됐다.

그렇다면 에드워드 존스의 제품·서비스가 경쟁사에 비해 차별화된 독특한 것이었던가? 그렇지 않다. 증권사도 금융사다. 취급하는 금융제품을 경쟁사와 완전히 다르게 만들 수는 없는 것 아니겠는가?

1922년 설립된 에드워드 존스는 1990년대 인터넷 붐을 맞아 1인 점포로서의 강점을 살리며 각광을 받아왔다. 에드워드 존스의 주요 차별화 전략은 한 마디로 1인 점포를 통한 대면영업 집중이다. 이 증권사는 미국 및 캐나다 지역 1만1,000개 지점과 2만6,000여명의 직원을 보유하고 있다.

IT 거품이 붕괴된 2001년, 미국의 주가는 폭락했다. 최대 증권회사였던 메릴린치(Merrill Lynch) 증권의 직원들도 구조조정 대상이 될 정도였다. 그러나 업계에서 중위권을 차지하고 있던 증권회사인 에드워드 존스의 직원은 2001년에도 꾸준히 증가했다. 이유는 이러했다.

에드워드 존스 지점의 85%는 인구 10만 명 미만의 지역에 개설돼 있었다. 온라인 증권회사가 아니면서도 인구가 작은 지방도시의 시장을 중점 공략하는 외적유통을 차별화 시킨 것이다. 역발상이었다.

어떻게 이런 것이 가능했을까? 에드워드 존스의 지점은 직원이 두 명 정도에 불과한 소규모여서 고정비가 매우 적게 들어가는 것도 하나의 요인이라 할 수 있다.

그러나 진정한 차별화 포인트는 인사정책에 있었다. 이 회사의 직원들은 원래 목사나 교사 등 그 지역에서 이름이 알려진 사람들을 중심으로 구성돼 있다.

시골사람들이 자신의 재산을 믿고 맡길 수 있는 지역의 덕망 있는 인사들을 직원으로 채용해서 철저하게 훈련시킨 것이다.

시장 규모가 작기에 한번 지점을 설립하면 다른 회사가 나중에 그 지역에 진출하려 해도 채산성이 맞지 않아, 사실상 독점에 가까운 위치를 구축할 수 있었다. 이러니 실적이 나쁠 수가 없었던 것이다.

에드워드 존스는 인적자원 관리에서 특별한 차별화를 이뤄 성공한 것이다.

생각의 수만큼 차별화 기회는 존재한다

필립 코틀러는 1967년 마케팅관리에서 제품의 3수준(Three levels of product) 개념을 제시했다. 제품의 성격은 3가지 수준으로 나뉠 수 있다는 얘기다. 물론 하나의 제품이 세 가지 차원을 가지고 있다는 얘기이지 제품들이 세 가지 수준으로 구분된다는 의미는 아니다.

1. 첫 번째 수준 - Core Product, 핵심 상품 영역

사람들의 구매 이유이자 생산자가 구매자에게 제안하는 편익(혜택)을 의미한다. 제품을 통해 소비자들이 얻게 되는 핵심적인 혜택이라고 보면 된다. 제품 카테고리가 제공하는 본원적인 혜택이라고 간주해도 될 것이다. 진통제라면 '속효성'이, 휴대전화라면 '통화품질'이 여기에 해당한다.

2. 두 번째 수준 - Actual Product, 구체상품 영역

제품의 품질이나 디자인 등에 초점을 맞춘 구체적인 제품을 의미한다. 눈에 바로 보이는 포장이나 브랜드 등도 이 수준의 제품에 해당한다.

3. 세 번째 수준 - Augmented Product, 부속상품 영역

제품의 본질적인 혜택과는 직접적인 연관이 없는 부속상품 영역이다. 제품이 제공하는 추가적이지만 무형적인 혜택이 여기에 해당한다

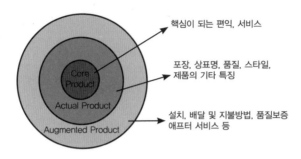

〈그림〉 제품의 3수준

핵심이 되는 편익, 서비스

포장, 상표명, 품질, 스타일,
제품의 기타 특징

설치, 배달 및 지불방법, 품질보증
애프터 서비스 등

Core Product

Actual Product

Augmented Product

고 보면 된다.

제품 · 서비스 차별화를 수행하는 경우를 생각해 보자. 많은 경우 '제품 차별화'를 문자 그대로 해석해서 '제품이나 서비스의 본원적인 속성'만을 중심으로 아이디어를 도출하려는 경향이 있음을 보게 된다.

핵심상품(Core Product) 영역에서만 차별화 포인트를 찾으려하는 우를 범하는 경우가 많다는 얘기다.

핵심상품 영역에서 경쟁자를 완전히 압도한다는 것은 현실적으로 실현되기가 거의 불가능하다. 진통제라고 생각해보자.

경쟁 제품은 먹고 나서 30분이 지나야 통증이 그치는데 우리 제품은 복용 후 3분 만에 통증완화 효능이 생기게 만들 수는 없는 노릇이다. 비슷한 가격대의 제품을 만들면서 경쟁자를 완전히 압도하는 제품을 만들어 내기란 쉬운 일이 아니다. 게다가 소비자는 핵심상품 영역에서 쉽게 만족하지 못 한다. 버릇처럼 불평하기 마련이다.

그러니까 소비자조사를 평면적으로 수행하다보면 다음과 같은 식의 결론이 나오곤 한다.

'근본적인 제품 카테고리의 혜택(진통제면 속효성, 휴대전화면 통화품질 등)에 소비자는 불만을 많이 가지고 있다'→ '아직 우리를 포함해 어떤 제품도 이 부분을 만족시키지 못 하고 있다'→ '그러니 이런 핵심 상품 영역에서 소비자의 인식을 압도하면 마케팅은 성공할 것이다.'

이런 식의 도식적인 결론을 내리는 경우가 꽤 많다. 세상 일 많은 경우 몰라서 안 하는 것보다 알지만 할 수 없기에 못 하는 것이 더 많은 법이다. 차별화의 기회는 제품의 수준 전체를 깊게 생각해 볼 때 찾을 수 있게 된다.

대개 차별화 기회는 핵심상품 영역보다는 실제상품(Actual Product) 영역이나 부속상품(Augmented Product) 영역에서 더 많이 찾을 수 있게 된다. 제품을 가지고 차별화를 시도해야 하는 레인메이커라면 특히 부속상품 영역에서 더 많은 아이디어를 도출해 보는 것이 기회의 수를 늘리는 방법임을 잊지 말아야 한다.

마케팅, 결국 생각 많이 하는 사람이 이기는 게임이다.

● 구체상품 영역에서의 차별화

구체상품 영역에서의 차별화 도구로 가장 강력한 것이 디자인 특히 패키지 디자인이다. K-뷰티를 이끌어 가는 마스크 팩은 치열한 경쟁 상황에서 패키지로 차별화를 시도하는 기업들의 각축장이 되고 있다. 부직포 시트에 사각 알루미늄 파우치 일색이던 패키지가 극적으로 변화한 것이다. 의약품이 물론 아니지만 마치 전문적인 처방을 받는 느껌을 주려고 디자인 소재로 링거나 알약을 쓴 제품들이 나왔다. 주사기나 캡슐로 내용물을 투입할 수 있게 만든 패키지 제품들도 나왔다. 시트에 캐릭터 그림을 입혀 팩을 하는 동안마저도 즐거운 경험으로 만들겠다는 의지를 담은 디자인의 제품이 나오기도 했다.

수년 동안 음악 행사(Miller Music Factory)를 진행한 밀러(Miller)맥주는 스피커, 카세트 플레이어 디자인을 적용한 6병용 패키지를 제작했다. 음악이라는 공통 관심사가 형성된 소비자들은 스피커와 카세트 플레이어의 조합을 위해 6병짜리 패키지 하나만 사지 않고 3개 패키지를 구매했다. 매출도 오르고 브랜드 자산도 증가한 구체상품 영역에서의 성공적인 차별화 사례이다.

마케팅 활동에 가장 제약이 많은 품목이라면 단연 담배일 것이다. 흡연에 대해 가지는 개인적인 가치관은 별개로 놓고 차별화의 사례로

소개하고 싶은 KT&G의 마케팅 노력이 있다.

2015년 10월 어느덧 젊은 층이 열광하는 이벤트가 돼버린 할로윈 데이를 맞아 KT&G가 출시한 레종 한정판 제품이다. 누가 봐도 할로윈 데이를 표현한 포장 디자인이다. 구체상품 영역에서 차별화를 시도한 제품이다. 혹자는 이렇게 반문할 수도 있을 것이다. '저렇게 한다고 뭐가 얼마나 달라지겠어?'라고…. 하여간 근본주의자는 사람들을 피곤하게 만드는 법이다.

어떤 마케팅도 한 번에 갑자기 미친 듯이 많이 팔리게 만들 수는 없다. 마케팅 탄력성이 높지 않다고 그대로 머물러 있는 것이야말로 가장 비마케팅적인 자세다.

마케팅 별 것 있나? '하나라도 팔기 위해 전력을 기울이는 것' 그 자체가 가장 소중한 마케팅 마인드 아닌가? 최소한 브랜드가 젊은이들과 함께 호흡하고 있다는 인식은 조금이나마 심어줄 수 있는 노력 아닌가 말이다.

● 부속상품 영역에서의 차별화

2015년 9월 중견 제약업체인 대원제약은 성인 감기 환자를 겨냥한 새로운 타입의 시럽제 감기약 2종을 출시, OTC* 시장에 본격 진출했다.

종합감기약 시장은 전형적인 레드오션 시장이기도 하다. 이 시장에

---

* Over The Counter: 처방전없이 살 수 있는 일반의약품

대원제약은 복용방법을 달리한 차별화로 도전장을 내민 것이다. 대원제약은 "이 제품은 시럽제 감기약을 국내 최초로 스틱형 파우치에 담아 휴대와 복용이 편리하다. 물 없이 복용이 가능하기 때문에 바쁜 현대인들이 언제 어디서든 제때 약을 복용할 수 있다는 점이 차별화 포인트다"라고 밝히고 있다.

복용방법은 약효에 차이를 가져오는 요인은 아니다. 대표적인 부속상품 영역에 속하는 요인인 복용방법으로 시장에 도전장을 내민 대원제약의 행보는 주목해 볼 필요가 있다. 차별화 포인트를 부속상품 영역인 복용방법으로 설정한 대원제약은 광고 등을 통해 차별점에 의미를 부여하는 커뮤니케이션에 집중하고 있다. "약을 제때 챙겨먹지 못해 초기에 잡을 수 있는 감기가 오랜 기간 지속되는 경우가 많은 것에 착안하여 개발한 제품"이라고 스토리를 전하고 있다.

감기? '약 먹으면 1주일 가고 약 안 먹으면 7일 간다'고 했다. 효능이 차별화 포인트가 아니다.

04

4P를 새롭게 보는
몇 가지 원칙

결국 마케팅이 실현되는 축은 제품, 가격, 촉진, 유통의 4P이다. 환경 분석을 잘하고 차별화 포인트를 훌륭하게 짚어냈다고 하더라도 4P에 그 전략이 제대로 반영되지 못 한다면 아무 소용이 없게 된다. 소비자들은 4P를 통해야만 기업의 마케팅 방향을 경험할 수 있게 되기 때문이다.

4P야말로 기업의 마케팅전략이 구체화되는 실체인 것이다. 전략의 방향성이 집행의 치밀함으로 뒷받침 되지 않는다면 그 전략 아무 소용없는 것 아니겠는가?

Product를 제품이 아니라 '상품'으로 바라본다

1. 만들어진 제품과 팔리는 상품

제품과 상품은 다른 말인가? 완전히 다른 말이다. 제품은 '만들어진 물건'이다. 상품은 '팔리는 혹은 팔아야 하는 물건'을 뜻한다. 생산자가 만들어 낸 것은 제품이다. 팔리든 안 팔리든 일단 만들어 진 것은 제품이다.

상품은 소비자들이 사는 제품, 마케터가 팔아야 하는 제품을 의미한다. 제품 전략을 대하는 레인메이커는 제품과 상품을 구분할 수 있어야 한다. 레인메이커는 제품전략을 고민할 때 Product를 제품으로 보지 않고 상품으로 바라보는 관점을 유지하고 있어야 한다. Product를 제품으로만 보면 '어떻게 하면 더 잘 만들 수 있는가'를 고민하는 것이 제품전략의 전부가 된다. 때로는 자칫 제품이 안 좋으니 마케팅이 어렵다는 식의 허무한 결론을 내리게도 된다. 레인메이커라면 가장 피해야 하는 결론이다.

반면 Product를 상품으로 보면 '어찌해야 잘 파는 마케팅을 할 수 있을까'를 고민하게 된다. 물론 제품이 경쟁자들의 제품에 비교했을 때 제품력이 많이는 떨어지지 않아야 됨은 기본전제로 놓고 하는 얘기다. 현실적인 제약 때문에, 만들어진 제품의 상태가 경쟁제품을 압도하는 수준이 되지 못 했더라도 레인메이커는 어쨌든 마케팅해야 한다. 잘 팔아야 하는 것이다.

제품이 팔리는 힘을 가지게 되면 그것은 비로소 상품이 된다. 제품의 팔리는 힘, 상품력이라고 불러 보자. 상품력은 C와 P의 두 요인으로 구성된다. 컨셉(Concept)과 퍼포먼스(Performance)로 결정되는 것이다.

컨셉은 소비자로 하여금 사고 싶은 마음을 들게 하는 역할을 한다. 상품을 써 보지 않았어도 심지어 직접 보지 않았어도 설명을 듣고 나니 '사고 싶다'는 생각을 들게 만드는 것이 컨셉이다.

퍼포먼스는 막상 사서 써 보니 기대했던 컨셉대로 상품이 작동하는가를 가리키는 말이다. '사길 잘 했다'는 생각이 들게 하는 것이다. 컨셉이 실제로 경험이 되느냐 안 되느냐의 얘기다. 퍼포먼스가 일어나야 소비자는 다시 우리 상품을 살 것이다.

2. 인지부조화를 유념하라

레인메이커의 과제는 두 가지가 된다. 소비자의 욕구를 자극할 수 있는 컨셉을 명쾌하게 도출하는 것이 그 첫 번째 과제다. 당연한 얘기다. 컨셉이 강렬하지 않다면 아예 시험구매도 안 일어날 터, 시험구매가 없으면 재구매는 신경조차 쓸 수 없게 되니까 말이다.

두 번째 과제는 퍼포먼스에 관한 것이다. 퍼포먼스는 상품이 하는 것이지 마케터가 하는 것은 아니다. 마케터의 과제는 따라서 컨셉이 퍼포먼스로 일어나고 있음을 소비자가 자각하도록 만드는 것이 된다. 보통 컨셉이 뾰족하면 뾰족할수록 소비자는 퍼포먼스로 경험하기가 쉽지 않게 된다. 건강기능식품의 컨셉이 '면역력 강화'라고 생각해 보자. 얼마나 뾰족한 컨셉인가? 그런데 이 컨셉, 퍼포먼스로 쉽게 느껴

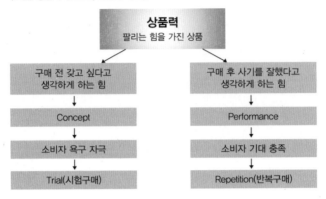

〈그림〉 상품력의 2요소, 컨셉과 퍼포먼스

상품력
팔리는 힘을 가진 상품

구매 전 갖고 싶다고 생각하게 하는 힘	구매 후 사기를 잘했다고 생각하게 하는 힘
Concept	Performance
소비자 욕구 자극	소비자 기대 충족
Trial(시험구매)	Repetition(반복구매)

질 수 있을까? 컨셉은 강력한데 그것을 퍼포먼스로 느낄 수 없다면 소비자는 인지부조화 상태에 빠지게 된다. 이런 컨셉이라고 해서 샀는데 쓰면서 컨셉대로 효과가 발생한다는 것을 못 느낀다면 심리적으로 무척 불편한 상태가 된다는 것이다. 물론 재구매를 하지 않는 것으로 그 불편함을 조금이나마 해소할 것이고. 마케터는 소비자가 인지부조화 상태에 빠지지 않도록 해야 한다.

'프라그 제거'라는 컨셉으로 소비자의 욕구를 자극한 치약이 있었다. 얼마나 강력한 컨셉인가? 그동안 한국인이 잘 알지도 못 했던 세균을 깔끔하게 제거해 주는 치약이라니…. 소비자의 시험구매 또한 어렵지 않게 일어났다. 문제는 그 다음이다. 몇 달을 써보더라도 소비자가 '프라그가 제거된다는 퍼포먼스'를 직접 경험할 도리가 없었던 것이다.

광고만으로는 불충분했다. 퍼포먼스를 보여주는 장치가 필요했다. 담당 마케터는 입에 물고 있으면 프라그가 있는 부분이 붉은 색으로 변하는 알약을 독일 본사로부터 가져와 소비자가 직접 경험할 수 있도록 마케팅을 펼쳤다. 안 보이는 것을 보이게 만들었다. 퍼포먼스가 시각화되자 의심은 사라졌고 재구매 행렬은 계속 이어졌다.

● 심리적으로 후달리는 상태 – 인지부조화

미국 심리학자 레온 페스팅거(Leon Festinger)가 1950년대 발표한 책 『인지적 부조화 이론(Cognitive Dissonance Theory)』을 통해 제기된 용어다.

태도와 행동이 서로 일관되지 않거나 모순이 존재하는 상태를 인지부조화라고 한다. 인간은 이러한 상태가 되면 심리적으로 매우 불편해지기 때문에 이런 불편함을 해소하려고 태도나 행동을 바꾸려 한다.

보통 행동은 되돌리기가 어려우므로 대개 행동에 일치하도록 태도를 바꾸는 현상이 일어난다. 인지부조화는 태도(A를 B보다 훨씬 좋아한다)와 행동(그런데 결혼은 B와 했다)이 불일치하거나 '믿고 기대했던 것(손에 물 한 방울도 안 묻히게 하겠다는 달콤한 속삭임과 연애기간동안 보여준 자상함 때문에 '이 남자와 결혼하면 설거지도 안 하겠구나'라는 기대와 믿음)'과 '현실에서의 결과(신혼여행을 갔다 왔더니 고무장갑을 열 박스를 사다주며 손에 물 묻히지 말라고 하는 남편)'가 상충할 때 그럴 때 생기는 '심리적으로 후달리는 상태'를 말한다. 후달리면 많이 불편하지 않은가? 사람들은 어떻게든 그 불편함을 해소하려고 한다.

오해하지 말자. 자신의 태도를 바꾸는 것이 인지부조화가 아니다. 인지부조화는 '후달리는 상태'를 가리키는 말이다. 주관적인 심리적 불편함이 발생하고 있는 그 상태만을 인지부조화라고 한다. 불편함을 벗어나려고 태도를 바꾸는 것은 자기 합리화이고… 이와 관련해 페스팅거는 유명한 말을 남겼다. "인간은 합리적인 존재가 아니라 합리화하는 존재다." 이 한마디만으로도 그의 통찰력은 빛난다.

소비자가 사는 것은 제품이 아니라 '가치'이다

제품은 기업입장에서 파는 것이다. 소비자는 '가치'를 산다. "Price is what you pay. Value is what you get." 워렌 버핏의 말이다.

과거의 마케팅이 '기업이 제품이나 서비스를 제공하고 소비자로부터는 돈을 받는 것'이었다면 현재의 마케팅은 '기업이 가치나 브랜드를 제공하고 소비자로부터는 충성도를 받는 것'이라고 규정할 수 있다. 소비자로부터 충성도를 받으려면 기업이 제공하는 가치가 커보여야 한다.

가치공식에서 가치는 총 혜택을 총 비용으로 나눈 값이 된다. 이 공식은 제품 전략, 관련하여 가격전략 등을 수립하는데 많은 시사점을 제공한다.

가치공식의 내용은 간단하다. 가치를 크게 만들려면 비용을 작게 하거나 혜택(품질)을 크게 하면 된다는 것이다.

혜택(Benefit)이란 소비자가 상품이나 서비스를 구매함으로써 자신의 욕구가 충족 또는 만족되는 것, 그러니까 효용을 느끼는 것을 말한다.

소비자가 느끼는 가치는 바로 이 혜택을 자신이 지불한 여러 비용의 합으로 나눈 것이 된다.

$$\text{Value} = \frac{\text{Benefit}}{\text{Cost}} = \frac{[본래적인\ 품질] + [서비스\ 품질] + [이미지\ 품질]}{[본래적인\ 가격] + [획득\ 시간비용] + [심리적\ 비용]}$$

- 본래 품질: 제품·서비스의 실제 우수성
- 서비스 품질: 제품·서비스가 고객에게 전달되는 과정(비즈니스 프로세스)의 우수성
- 이미지 품질: 경쟁사 대비 우수한 이미지, 긍정적 이미지, 자기에게 투영되는 이미지
- 본래 가격: 제품의 원가, 소비자가 등 실제 가격
- 획득 비용: 제품·서비스를 구매하는데 소요된 시간 등
- 심리적 비용: 제품·서비스 구매 시 겪은 마음고생 혹은 사용시 예상되는 주변의 부정적 반응

가치를 크게 만들려면 방법은 두 가지밖에 없다. 혜택을 키우거나 비용을 줄이는 둘 중 하나는 실천해야 한다. 본래 품질, 서비스 품질, 이미지 품질을 개선하거나 본래 가격, 획득 비용, 심리적 비용을 낮추면 되는 것이다. 다음과 같은 것이 대표적인 대응책이다.

- 본래 품질의 개선: 디자인, 성능 등 개선으로 욕구충족도 높이기
- 서비스 품질의 개선: 서비스, CS 활동, 소비자 경험의 개선
- 이미지 품질의 개선: 브랜드 연상의 강화
- 본래 가격 낮추기: 원가 절감, 비용우위 전략 집행
- 획득 비용 낮추기: 정보 탐색 쉽게 만들기, 온오프 연동
- 심리적 비용 낮추기: 긍정구전 창출, 구매정당화 커뮤니케이션

'본래 품질/본래 가격'은 흔히 말하는 가성비(Cost per performance)에 해당한다. 경쟁제품과 품질은 같은데 우리 제품의 가격이 낮거나 경쟁제품들과 가격은 비슷한데 우리 제품의 품질이 더 좋은 경우이다.

가성비를 구성하는 가격과 품질 요소를 먼저 살펴보자. 가격을 낮추는 노력은 중요하지만 항상 필수적인 것은 아닐 수 있다. 가성비로 가치를 주려면, 즉 낮은 가격으로 가치를 높이려면 몇 가지 전제가 동시에 충족되어야 한다. 우선 업의 특성이 규모의 경제를 통해 생산비용을 줄이는데 맞는가를 고려해야 한다. 우리 업종이 대량생산으로 학습효과를 얻을 수 있는 업종인지를 먼저 판단해야 한다는 것이다.

동시에 우리가 추구하는 시장전략이 특정 세분시장에 집중하기보다는 가능한 시장 전체를 노리는 경우여야 할 것이다. 유니클로가 여기에 해당한다. 문제는 많은 수의 기업 특히 스타트업의 경우에는 이런 전제가 맞지 않는 경우가 대부분이라는 것이다. 특히 스타트업 기업이라면 가능한 정밀한 세분화로 규모는 작아도 반응이 확실한 특정 고객집단에게 강렬히 다가감으로써 초기의 존재감을 확보해야 되기

때문이다.

그래서 가성비의 문제(품질/가격)는 '가격'을 낮추는 노력은 기본으로 가져가되 '품질'요소를 강화하는 방향으로 접근하는 것이 좋다. 물론 품질을 높이는 것이 쉬운 일은 아니다.

품질을 높이고자 할 때 명심해야 할 것이 있다. 이때의 품질은 실제 품질이기도 하지만 '인식된 품질(Perceived Quality)'로 접근해야 한다는 점이다. 실제 품질만큼이나 "품질이 좋다고 보이는 것"이 중요하다는 말이다.

상대적 강점을 절대적 강점으로 바꿔버리는 것이 필요하다. 우리가 가진 약간의 강점 하나를 선택하고 그 강점을 과장한다 싶을 정도로 브랜딩과 커뮤니케이션에서 부각하는 식이다.

'장수막걸리'의 사례가 좋은 참고가 된다. '장수 생막걸리'는 생막걸리의 신선함이란 상대적 강점을 경쟁 제품 대비 절대적 강점으로 변화시키려 했다. 인식된 품질을 그런 식으로 높이려 했다. 바로 장수막걸리 '십장생'이다. 장수막걸리는 인식된 품질을 높이려고 유통기한을 열흘로 (일부러) 못 박고 '10일 유통 장수 생막걸리'의 앞 글자를 따서 십장생이란 애칭을 붙였다. 열흘만 유통하는 생막걸리를 파는, 신선함이 탁월하고 그만큼 유통관리도 정성껏 하는 기업이라는 인식과 '십장생'이 주는 "건강에도 좋을 것 같다는" 느낌까지도 일어나도록 네이밍과 패키지를 준비했다.

서비스 품질은 '제품/서비스가 고객에게 전달되는 과정의 우수성'을 의미한다.

전반적인 소비자 경험의 개선으로 서비스 품질은 높일 수 있다. 어려운 얘기 아니다. 카페에서 여러 명이 아이스 아메리카노를 주문하는데 한 사람만 연하게 만들어달라고 했다고 치자. 나중에 커피를 주는데 연하게 만들어달라는 사람한테만 빨대를 다른 색으로 꽂아 줘서쉽게 분간될 수 있게 만드는 경험을 한 적이 있을 것이다. 그게 바로서비스 품질이다. 제품자체의 품질이 아니라 제품이나 서비스가 전달되는 과정이 서비스 품질이 되는 것이다.

이미지 품질은 '경쟁사 대비 우수한 이미지'를 뜻한다. 브랜드 연상의 긍정적 강화로 높일 수 있다. 요즘 많이 보이는 컬래버레이션도 이미지 품질을 높이려는 중요한 수단이다. 이미지 품질을 높이는 방법으로 효과적인 것에는 '스토리텔링'도 있다. 복잡한 이야기 구조는 필요 없다.

칠레 와인 '1865'는 창립년도에서 따온 이름이라고 한다. 우리나라에서는 '18홀을 65타에 치는' 골퍼들을 위한 와인으로 이야기를 만들었다. 대성공이었다. 하지만 분자를 크게 하는 작업인 서비스 품질, 이미지 품질 제고는 말이 쉽지 단기간에 실천하고 또 성과를 거두기가 만만치 않다. 군이 고르자면 분모(획득 비용, 심리적 비용)를 줄이는 노력으로 우리 제품의 가치를 끌어올리는 것을 먼저 생각하는 것도 좋다.

마케터는 획득 비용이나 심리적 비용을 낮춰서 가치를 높이는 아이디어를 먼저 고려하는 것이 좋다. 획득 비용은 '제품/서비스를 구매하는데 소요된 시간이나 관련 정보를 얻는 데 드는 시간' 등을 뜻한다.

정보 탐색을 쉽게 만들거나 옴니 채널처럼 온·오프를 유기적으로 연동하는 등의 대응 방법이 있다. 같은 물건이라도 빠르게 전달하는 쿠팡의 로켓배송도 여기에 해당하는 것이다.

고객의 질문에 빠르게 그리고 매우 정성껏 답변을 달았던 것으로 유명한 세스코의 사례도 획득 비용을 줄인 모범이 된다. 정보획득의 비용을 줄인 것이다.

실제 획득 시간을 줄이지 못하더라도 고객의 인식을 바꿔서 성공할 수도 있다. 유명 놀이공원의 경우, 인기 있는 놀이기구에는 항상 사람이 많고 기다리는 줄도 길기 마련이다. 획득 시간 비용이 매우 크다는 뜻이다. 대기시간을 일률적으로 줄일 수 있다면 좋겠지만 그건 불가능하다. 기다리는 시간을 짧게 하려고 놀이기구를 타는 시간을 줄인다면 본래의 품질을 떨어뜨리게 될테니까. 그래서 나온 대응책은 고객들이 서 있는 대기 줄에 안내판을 설치한 것이었다. '여기서부터 20분' 등 기다리는 시간이 얼마나 걸릴지를 알려준 것이다. 언제 내 차례가 되는지 전혀 모르고 하염없이 기다리는 것과 얼마 정도만 기다리면 내 차례가 온다는 것을 알고 기다리는 것은 고객 입장에서는 매우 큰 차이가 있다. 이 또한 획득 시간 비용을 줄이는 마케팅 아이디어의 사례가 된다.

심리적 비용은 '이게 제대로 될까 하는 불안감, 사용 시 예상되는 주변의 부정적 반응' 등을 가리키는 말이다. 괜히 사서 오히려 손해를 보지는 않을까 하는 불안감과도 같은 것이다. 이런 불안감은 원칙적으로 긍정 구전을 창출하고 구매 정당화 커뮤니케이션을 통해 줄일 수 있다.

카카오택시의 경우, 밤 시간에 택시를 이용하는 승객(특히 여성 승객)의 불안감을 낮춰서 성공했다고 해석할 수 있다. 기부금이 어디에 쓰이는지 명확히 알려주는 구호단체의 커뮤니케이션도 심리적 비용을 낮추는 활동이라고 보면 될 것이다.

● C를 낮추면서 동시에 B는 올린 빽다방

빽다방은 더 본 코리아(대표 백종원)의 외식브랜드로 2006년 논현동 먹자골목(영동시장거리)에 '원조벅스'라는 이름으로 최초 오픈했다.

15cm의 대용량 커피를 내세우며 독보적인 저가정책으로 커피 프랜차이즈 시장에서 급성장하고 있다.

빽다방의 성공은 단순한 저가 전략(비용우위 전략) 때문만은 아니다. V=B/C이다. C를 낮추기 위해 빽다방은 '본래 가격'을 낮췄다.

2030세대를 주 타겟으로 설정하고 출점도 역·학교·회사 주변에 집중해 접점을 대중화하면서도 점포의 크기는 5평 전후의 소형 테이크 아웃 형태에 주력하고 있다. 이는 비싼 보증금·권리금·임대료 등의 입점가격을 낮춰 저가커피를 판매할 수 있게 하는 원동력이 되고 있다. 이것으로 그쳤다면 전형적인 저가전략의 사례이기만 할 것이다.

중요한 성공요인은 C를 낮추는데 그치지 않고 B를 높임으로써 V를 더 크게 만들었다는 것이다.

빽다방은 '이미지 품질'을 높였다. 독특한 브랜드 연상을 의도적으로 만들어 가고 있다. 키치(Kitsch)적인 감성을 구현, 조금은 '병맛'나는 재미있는 브랜드라는 연상을 추구한다.

병맛나는 키치적 감성은 메뉴에 잘 드러난다. '앗!메리카노' '불량쥬스' '옥수크림' '사라다 빵' 등 복고와 말장난이 적절히 섞인 네이밍이다. 매장에 비치돼 있는 브랜드 히스토리 또한 같은 맥락이다.

05

마케팅의 핵심,
결국 소비자 지향이다

성실하게 살아온 사람들의 경우, 나이 40 넘으면 지식에서 큰 차이 나지 않는다. 재능이 차지하는 비중도 세월 따라 작아지기 마련이다.

자세가 결정한다. 태도가 차이를 만든다. 마케팅을 수행하기에 부족하지 않은 기본지식이 잘 정리돼 있다면 어떤 자세로 마케팅을 대하느냐에 따라 차이도 다르게 만들 것임을 나는 확신한다.

내가 생각하는 마케팅의 정의를 소개한다. 마케팅을 수행하는 자세나 각오에 조금 더 무게를 두고 규정한 정의다.

"목표고객에게 명확한 가치 · 해결책을 제시하고,
경쟁자 대비 차별적 우위를 유지하여
강력한 시장지위를 확보하기 위해
남다르게 세상을 보고 새롭게 해석하며

그 결과를 즉각적으로 실행하되

실행과정에서 소비자의 공감을 얻기 위해

내이름(브랜드)을 걸고 철저히 실천하는 것"

결국 '남과 다르게 보고, 공감을 얻고, 이름값을 제대로 하는 것'이 마케팅이라고 말하고 싶다. 마케팅 플래닝 프로세스에 맞춰 보면 이렇다. '남과 다르게 보는 것'은 분석적 요소에 적용되는 원칙이다. '공감을 얻는 것'은 차별화·포지셔닝이 수행되는 개념적 요소 부분에 적용된다. '이름값을 제대로 하는 것'은 4P로 구성된 실천적 요소에 해당하게 된다. 별스런 얘기가 아니다. 마케팅을 대하는 기본자세는 '소비자 중심' '고객 관점'이란 것이다. 남과 다르게 보는 것도 공감을 얻어야 하는 이유도 이름을 걸고 실천해야 하는 목적도 결국은 소비자를 생각의 중심에 놓기 위해서이다. 소비자 지향이 전체 마케팅을 관통하는 핵심이란 말이다.

소비자는 이익보다 손해에 민감하다

외진 곳을 관통하는 도로가 있고, 그 도로상에 주유소가 하나 있다. 주유소의 주인은 신용카드가 아니라 현금으로 기름 값을 지불하는 손님이 많아지길 바란다. 그래서 현금 사용자에게 1리터당 950원을 받고 카드사용자에겐 1리터당 1,000원을 받기로 했다. 주유소 주인은 두 종류의 문구를 준비해서 플래카드를 걸기로 했다.

- A – '1리터 1,000원! 단, 현금 사용 시 1리터 당 50원 할인'
- B – '1리터 950원! 단, 카드 사용 시 1리터 당 50원 할증'

사실 따져보면 같은 내용이다. 기름 1리터에 카드 쓰면 1,000원 받고 현금 쓰면 950원 받는다는 얘기다. 단지 A는 할인이라는 '이익'에 초점을 맞췄음에 반해 B는 할증이라는 '손해'를 강조했다는 차이가 있을 뿐이다. 같은 얘기를 '이익'과 '손해' 중 어디에 초점을 맞춰 전달하는 것이 행동유발 효과가 클까? 대부분의 사람들은 A문구보다 B문구를 접했을 경우에 현금사용을 더 많이 하게 된다. 이유는 간단하다. 이익이 주는 만족보다 동일한 양의 손실이 주는 심리적 충격이 더 크기 때문이다. 같은 값이면 이익보다 손실에 훨씬 민감하다는 뜻이다.

1997년 일본에서 소비세율이 3%에서 5%로 인상되었을 때 소비가 악화되고 그 영향이 오래도록 지속됐다. 이듬해인 1998년 이토요카도(イトーヨーカド, 일본 최대 수퍼마켓 체인)에서는 불황돌파 기획으로 '소비세분 5% 환원 세일'을 실시했다. 10~20% 할인해도 팔릴까 말까 하는 불황기에 불과 '5% 할인'에 고객들이 매력을 느낄 리 없다고 생각하는 사람들도 많았다. 하지만 결과는 매출 60% 증가라는 대박이었다. 특히 잘 팔린 것은 한 벌에 몇 만 엔씩 하는 캐시미어 코트 등 고액의 상품이었다고 한다.

'소비세분 5% 환원 세일'도 단순한 '5% 세일'이었다면 고객은 별 반응을 보이지 않았을 것이다. '5% 세일'은 이익을 강조하는 표현이다.

'소비세분 5% 환원 세일'은 자신이 손해 본 것(올라간 세금 때문에 안 내도 될 돈을 더 낸다는 불만)을 만회하는 느낌의 표현이 된다. 이익보다 손실에 민감한 소비자의 성향을 정확히 포착한 마케팅이었다.

"인간은 같은 것이라도 제시되는 방법에 따라 선택의 경향이 달라진다"고 이 행사를 기획한 스즈키 토시후미(鈴木敏文) 세븐앤아이 홀딩스(Seven&I holdings) CEO는 그의 책『최악의 불황에도 팔리는 건 팔린다』에서 밝히고 있다.

● 손실혐오(Loss Aversion) 성향과 행동경제학

손실혐오는 미국 심리학자인 대니얼 카너먼(Daniel Kahneman)의 '전망이론'(Prospect Theory)에 처음 등장한 개념이다. 손실혐오 성향은 "Losses loom larger than gains"(손실은 이익보다 과중하게 느껴진다)는 간단한 명제다.

잃는 고통이 얻는 즐거움보다 훨씬 더 크게 느껴진다는 것이다. 이런 실험이 있다. 어떤 사람이 나타나 나에게 1만 원을 주면서 게임에 참가하겠냐고 물어본다. 일단 1만 원을 받았지만 더 큰 돈을 받을 수 있는 게임이다.

간단하다. 동전던지기를 해서 앞이 나오면 받았던 1만 원을 돌려 줘야 하고 뒤가 나오면 2만 원을 더 받게 되는 게임이라고 설명한다. 잘못 돼봤자 받았던 돈 돌려주는 것이고, 잘 되면 3만 원을 챙기는 게임인 것이다. 이 때 사람들은 대부분 게임에 참가하기를 거절한다. 이유는 하나다. 자신이 이미 확보한 1만 원을 지키기 위해서다. 이 실험이 아모스 트버스키(Amos Tversky)가 카너먼과 함께 수행한 손실회피성향 실험이다. 카너먼은 전망이론으로 버논 스미스(Vernon L. Smith)와 함께 2002년 노벨경제학상을 받았다.

이익을 볼 기회가 있어도 손실에 민감하게 반응하는 인간 행태 연구의 토대를 마련한 공로로 심리학자임에도 노벨 경제학상을 받았고 합리와 효용으로 설명이 안 되는 경제적 의사결정이 어떻게 일어나는지를 밝히는 행동경제학의 창시자가 됐다.

행동경제학에 적용되는 손실혐오의 성향은 이런 식이다. 1억 원의 손실이 확정된 A안과 2억 원의 손실 가능성 55%, 손실을 전혀 입지 않을 가능성 45%인 B안이 있다면, 다수가 B안을 선택한다는 것이다.

합리적 의사결정의 시각으로 설명하는 주류 경제학의 입장에서 보면 B안의 기대 값(예상 손실 추정치)은 A안보다 오히려 큰 1억1,000만 원의 손실에 해당하므로, 당연히 A안을 선택하는 것이 합리적이지만 사람들의 실제 선택 패턴은 그렇지 않다. 아파트값이 계속 떨어지는데도 매입가 이하로는 내놓기 싫어하는 사람들이 다수다. 주식시장에서의 손절매*는 또 얼마나 고통스럽던가.

---

* 損切賣. 앞으로 주가가 더욱 하락할 것으로 예상하여, 가지고 있는 주식을 매입 가격 이하로 손해를 감수하고 파는 일

손실혐오 성향을 활용해 설득력을 높인다

손실혐오 성향을 내부 커뮤니케이션에 적용해보자. 실시만 하면 10만 달러의 지출을 당장 줄일 수 있는 아이디어가 있다고 하자. 사장에게 어떻게 이야기를 꺼내는 것이 보다 효과적일까? 손실은 이익보다 커 보이는 법, 당연히 "이렇게 하지 않으면 매년 10만 달러의 손실을 볼 것입니다"라고 말하는 것이 "이렇게 하면 매년 10만 달러를 절감할 수 있습니다"라고 이야기하는 것보다 훨씬 강한 설득력을 갖는다. 절감할 수 있다는 것(즉 이익이 된다는 것)과 당장 손해를 볼 수 있다는 것은 수치상 동일하더라도 손실을 피하려는 마음이 이익을 얻으려는 마음보다 훨씬 강하기 때문이다.

손실혐오 성향을 판촉에 적용해 보자. 판촉 행사로 경품 행사와 사은 행사 중 어느 것이 더 좋을까? 일반적으로 경품 행사보다 사은 행사가 훨씬 소비자의 반응이 좋은 법이다. 사은품은 조건만 맞추면 확실하게 획득 가능하지만 경품의 경우는 조건을 충족시키더라도 당첨 여부는 결국 운에 맡기는, 위험을 수반하는 것이기 때문이다. 단, 이 경우 이익이 어느 정도는 매력적이어야 한다. 사은품이 지나치게 보잘 것 없는 경우, 소비자들은 당장 확실하게 보장되는 이익이어도 그 이익이 너무 작다고 느끼면 확률이 낮더라도 더 큰 이익을 얻을 수 있는 기회를 노리게 된다.

손실혐오 성향은 또 이렇게도 쓰일 수 있다. '신제품 20퍼센트 세일!

이번 기회를 놓치지 마세요!'라는 광고문구가 '80퍼센트의 가격으로 신제품을 살 수 있습니다'라는 광고 문구보다 훨씬 효과가 크게 된다.

전자의 광고 문구는 '이번 기회를 놓치면 20퍼센트 할인은 물 건너간다'는 메시지를 담고 있기 때문이다. 손실을 강조하는 메시지란 것이다. 어디서 많이 본 것 같다고? 오늘이라도 당장 홈쇼핑 방송을 유심히 살펴보면 된다.

이처럼 손실혐오 성향은 상대방의 즉각적인 행동 유도에 효과적으로 쓰일 수 있는 이론이다. 커뮤니케이션의 관점에서 보면 장기적인 태도변화보다는 단기적인 행동조형에 더 효과적이란 것이다. 따라서 손실만을 강조하는 커뮤니케이션은 그 한계 또한 분명하다. 특히 제시하는 손실이 지나치게 비현실적인 경우 그러한 커뮤니케이션은 흔히 말하는 '공포 마케팅'으로 전락하게 되고 소비자의 태도를 긍정적으로 바꾸지도 못 하고 원하는 방향으로 행동을 유도하지도 못 하게 됨을 명심할 필요가 있다.

몇 해전 주목받았던 금연광고가 있다. 담배를 사는 사람들이 "폐암 한 갑 주세요."이런 식으로 얘기하는 광고다. "흡연은 질병입니다. 치료는 금연입니다"라고 주장하는 광고다. '질병인데 왜 질병물질을 팔고 있느냐'는 비아냥은 잠시 접어두자. 손실혐오의 성향으로 판단하면 이 광고는 과연 효과적인 것일까? 제시하는 손실이 비현실적이라고 여겨진다면 이 광고의 효과는 기대만큼 크지 않게 될 것이다.

'손해 보는 느낌을 없애는 것', CS의 시작이다

예전에는 만들어내는 기업에 따라 같은 제품이라도 제품의 질이 천 차만별이었다. 그런 시대는 이미 오래 전에 지나갔다. 지금은 어느 회 사에서 만든 것이든 기업별로 제품의 질이 거의 차이가 없어진 '등가 제품화의 시대'다. 그리 된지도 오래됐다.

등가제품화의 시대가 되면서 그러니까 어떤 제품이 경쟁제품을 완 전히 압도하기 어려워지면서 등장한 대안 중의 하나가 고객만족 경영 이다. 고객만족경영은 고객이 제품이나 서비스에 대해 가지는 기대치 이상으로 고객을 만족시켜 고객이 다시 그 제품과 서비스를 찾도록 하자는 것이다. 제품이 고객을 만족시키면 제일 좋을 것이다. 하지만 이미 등가제품화의 시대이다. 비슷한 품질의 제품으로 고객을 기대 이상으로 만족시킬 수는 없다. 제품이나 서비스에 대해 기대치 이상 으로 만족시키는 것이 고객만족인데 제품은 비슷해졌으니 그걸로 기 대치를 넘을 순 없고 결국 남은 것은 서비스를 통한 만족이 된다. 따 라서 고객만족이라는 목표는 제품에서보다는 결국 '서비스'에서 달성 되는 것이 되고 만다.

1. 진실의 순간? 과연 진실한 얘기인가

이런 고객만족(CS, Customer Satisfaction)의 개념은 단순한 만족을 넘어 '고객을 감동시켜야 한다'는 집착과도 같은 이상적인 방향성과 결합한다. 우리가 제품을 사고 서비스를 받으면서 감동마저 느끼는 경험을 한 적은 없으면서도 거의 모든 소비재 기업은 고객감동을 외쳐댄다.

고객만족이 고객감동으로 개념의 인플레이션이 이뤄지는데 혁혁한 공헌을 한 것이 '진실의 순간'이다.

'진실의 순간(MOT: Moment of truth)'은 고객과의 접점에서 발생하는 짧은 순간을 의미하는 것으로 1980년 SAS(스칸디나비아 항공) 사장인 얀 칼슨(Yan Karlson)이 회사경영에 처음 도입해 성공한 개념이다. 말 자체가 유명해진 것은 1987년에 그가 펴낸 『Moment of Truth』라는 책의 성공이 계기가 됐다. '기업의 종업원이 고객에게 서비스 품질을 보여 주고, 고객은 순간의 인상으로 상품구매를 결정하게 된다'는 얘기다. 특히 매장에서 고객을 접하는 순간의 판매원의 행동이나 안내원, 경비원, 교환원 등 최일선 서비스 요원들의 태도가 회사의 이미지와 운명을 좌우하게 된다는 것이다. 이후 MOT는 고객과의 접점에 있는 종업원의 서비스가 얼마나 중요한가를 의미하는 말로 쓰인다. 게다가 그런 순간은 매우 짧아서 7초 혹은 길어야 15초 남짓이라고 한다. 얀 칼슨은 15초안에 고객의 마음을 사로잡기 위해 노력했다고 하며 그 결과 적자에 시달리던 스칸디나비아 항공을 흑자로 전환시켰다고 알려져 있다.

2. 감정노동을 부추기는 CS는 그만 하자

문제는 CS와 MOT의 변질과 과장 그리고 그 결과물인 고객감동에 대한 맹목적인 믿음이다.

그동안 기업은 종업원들에게 접점에서, 진실의 순간에 어떻게든 고객을 감동시키라고 계속해서 요구해왔다. 물건 하나 살 때 접점에서의 대응과 서비스에서 감동을 느껴본 적이 전혀 없는 우리도 기업의 그런 요구를 당연하게 생각한다. 이로써 CS와 진실의 순간이 가졌던 긍정적인 의미는 퇴색되고 고객감동의 압력은 감정노동을 불러 왔다.

'소비자가 왕이다'라는 말도 안 되는 명제는 블랙컨슈머*가 자라나는 토양으로 작용한다. 고객감동 때문에 접점에서 일하는 종업원은 더 힘들어졌는데 막상 감동하는 소비자는 찾기가 오히려 어렵게 됐다. 왜 이런 걸까?

이제는 고객감동이란 집착에서 벗어날 때가 됐다. 고객에게 함부로 해도 된다는 말이 아니다. 고객감동의 교조적인 믿음에서 벗어나야 한다는 것이다. 반드시 감동해야 만족할 것이란 전제에서 벗어나 보자. 애초에 감동이란 쉽게 느껴지는 것도 아니다. 감동까지 가지 말고 만족을 추구해보자.

고객만족의 출발은 고객감동을 위한 노력 좀 더 솔직하게 말하면 고객감동을 추구한답시고 접점에서 일하는 사람을 더 볶아대는 것이 아니라 소비자의 불만족을 줄이도록 애쓰는 것이다.

이것이 실용적인 접근이다. 손실혐오의 성향을 활용하여 솔직하고 실용적으로 접근하자는 말이다.

---

* Black Consumer, 기업 등을 상대로 부당한 이익을 취하고자 제품을 구매한 후 고의적으로 악성 민원을 제기하는 소비자. 흔히 말하는 진상손님

3. 손해 보는 느낌부터 없애자, 매뉴얼을 활용하라

접점의 예를 들어 생각해 보자. 6,000원짜리 백반집이다. 6,000원 백반집의 음식 맛이 감동적이어서 계속 가는 경우는 없다. 맛있을 순 있지만 6,000원짜리가 6만 원짜리 음식처럼 맛있을 순 없다. 반대로 너무 맛이 없어 다시는 가지 않게 되는 경우도 별로 없다. 그런 식당이면 등가제품도 못 만들어 내는 곳이니 생각해 볼 필요도 없다. 결국 맛있어 봐야 6,000원짜리고 맛없어 봐야 거기서 거기다.

그러면 우리는 어떤 경우에 손해 보는 느낌을 받게 되는가? 우리 테이블이 먼저 왔는데 나중에 온 사람들이 있는 테이블에 음식이 먼저 나갈 때 손해 보는 느낌을 받는다. 다른 테이블은 다 반찬이 다섯 가지인데 우리 테이블만 네 가지가 나올 때 손해 본 느낌을 강렬히 받고 그런 불만족으로 다시는 거기에 가지 않는다.

사람들은 다른 사람들보다 조금 더 받은 이익보다는 자기만 덜 받았다는 손해에 훨씬 더 민감하게 돼 있다. 하물며 약간의 이득 때문에 감동을 느끼지는 결코 않는다. 핵심은 다시 손실혐오의 성향이다. 손해 보는 느낌을 줄이면 된다. 접점에서 소비자를 대하는 직원의 품성이나 기분에 따라 공평하지 않은 대접을 받았다고 느끼게만 하지 않아도 되는 것이다. 딱히 더 대접받았다는 느낌을 주려고 하기 보단 덜 받았다는 생각이 들지 않도록 하는 공평함이 필요하다. 접점에서 소비자들이 손해 받는 느낌을 받지 않도록 하는 장치가 중요하다. 바로 매뉴얼이다. 접점에서 일하는 직원에게 필요한 것은 기계적인 응대라고 생각되지 않을 정도로 매뉴얼에 숙달되는 것이다. 국어책 읽는 발연기만 아니면 충분하다는 얘기다.

● 매뉴얼의 힘, 모리오카 냉면

일본 이와테(岩手)현 모리오카(盛岡)시는 재일동포들이 세운 냉면집이 모여 있는 곳으로 유명한 도시다.

'모리오카 냉면의 역사는 1954년부터 시작된다. 재일동포 1세인 양용철 씨가 조선인들의 부락이 있던 모리오카에 함흥냉면집을 열었던 게 시초다. 차가운 국물, 질긴 면, 매운 깍두기 등에 익숙하지 않던 일본인들은 욕을 하고 나가기도 했지만 양 씨는 고집스럽게 냉면을 만들었고 서서히 명성을 얻었다. 이후 양씨의 식도원을 비롯해 삼천리, 명월관 등 모리오카 시에는 냉면 전문 가게가 수십 곳에 달할 정도로 널리 퍼졌다. 밑바닥 인생을 살던 재일 동포에게 모리오카 냉면은 일종의 희망이었다.'(관련 기사: 2014년 3월 10일 한경비즈니스, http://goo.gl/natMro)

이제 모리오카 시에서는 시의 대표 특산물로 냉면을 선정하고 도시 관광지도를 아예 '냉면지도'로 만들어 관광객에게 나눠주기도 한다. 출발은 늦었지만 이제 모리오카에서도 가장 유명해진 냉면집 '뽕뽕샤(ぴょんぴょん舎)'는 도쿄 긴자에는 물론 서울에까지도 진출해 있다. 기사 일부를 옮겨 본다. 손실혐오 성향 그리고 매뉴얼 이야기가 나온다.

'뽕뽕샤의 성공엔 변 사장의 엄격한 경영 방침이 큰 몫을 했다. 그는 모든 것을 '매뉴얼화'한다. 그 세세함에 혀를 내두를 정도다. "예전에 맛있게 먹었던 음식이 생각나 다시 가게를 찾았는데 맛이 달라지면 안 되잖아요. 누가 어떤 상황에서 만들더라도 한결같은 맛을 유지하려면 철저하게 매뉴얼화해야 합니다." 이를테면 냉면 위에 계란 반 조각을 얹고 3시 방향엔 오이, 6시 방향엔 수박이나 배, 9시 방향엔 수육, 12시 방향엔 깍두기를 넣는 식이다. 이게 다가 아니다. 면을 감아 담아 놓는 방향, 오이 담그는 법, 수육 손질법, 과일 자르는 법, 완성된 냉면을 손님에게 내놓는 시간 등도 다 정해져 있다. 이는 가장 맛있는 상태의 음식을 제공하기 위해 그가 고안한 방법이다.'

출처: http://goo.gl/wr4yJ2

몇 해 전에는 모리오카 냉면을 다룬 다큐멘터리가 국내에서도 방영된 적이 있다. 다큐멘터리의 한 장면에서 나는 감탄했었다. 서빙하는 직원이 한 손님에게 냉면을 갖다 주면서 함께 제공하는 김치를 반찬그릇에 정성을 다해 자기 방식으로 예쁘게 담고 있었다. 그때 사장이 그걸 보면서 이렇게 얘기한다.

"매뉴얼에 나와 있는 대로 김치를 담으라."

한 손님 좀 더 만족시키겠다고 다른 손님 손해 보는 느낌 주지 말라는 얘기였다. 손실혐오의 성향을 잊지 말라는 뜻이었으리라.

새로운 소비자집단, SEC의 등장에 주목한다

21세기 들어 브랜딩과 마케팅 그리고 기업경영에 있어 진정성은 거역할 수 없는 화두로 등장했다. 진정성이란 말을 책 제목에 그대로 쓰면서 진정성 마케팅이란 말을 만들어 낸 하버드 비즈니스 스쿨의 파인(B. Joseph Pine)과 길모어(James H. Gilmore) 교수는 2007년 발간된 그들의 책 『Authenticity』에서 진정성 마케팅의 유형을 다섯 가지로 정리, 제시해 진정성 마케팅의 유행을 선도했다는 평가를 받고 있다. 필립 코틀러가 '마케팅 3.0시대'의 도래를 예언하는 맥락도 진정성이 강조되는 시대적 흐름과 밀접한 관련이 있다. 파인과 길모어 교수는 그들의 책에서 다음과 같은 의미심장한 말을 했다. "오늘날의 소비자들은 브랜드를 보면 곧 그것이 진짜인지 가짜인지 구별할 수 있다."

이 말에 세계적으로 진정성이 부각되는 핵심 원인이 담겨 있다. 이제 소비자들이 진짜와 가짜를 구별하기가 쉬워졌다는 것이다. 광고 등의 멋지게 꾸민 커뮤니케이션으로는 이제 마케팅이나 브랜딩은 더 이상 성공할 수 없다는 진리를 명확히 밝힌 것이다.

21세기 들어 진정성이 갑자기 부각되는 원인은 어디에 있을까? 원인은 21세기 들어 본격화된 두 가지 현상의 작용과 그 작용 때문에 등장한 새로운 소비자 집단에 있다. 21세기 들어 본격화된 현상 중 첫 번째는 정보기술의 발달이 가져온 '정보주권의 재편성'이다. 온라인 환경의 급속한 발전*으로 오랜 시간동안 정보의 수용자에 그쳤던 소비자가 정보의 생산 및 전파의 주체도 될 수 있게 된 것이다. 그러다 보니 이전에는 기업 차원에서 나름대로 통제가 됐던 기업에 불리한 정보도 이제는 숨기기가 어려워졌다.

---

* 특히 활자형태의 정보보다 훨씬 각인효과가 큰 이미지나 동영상을 쉽게 올리고 내려 받을 수 있게 되고 동시에 공유와 전파를 자유자재로 시도할 수 있는 소셜 미디어의 활성화

<그림> 진정성 마케팅의 5가지 유형

유형	의미	사례
자연적 진정성 (Natural authenticity)	인위적 요소가 배제된 천연 소재의 제품	100% 천연 유기농 제품
독창적 진정성 (Original authenticity)	지금까지 없었던 최초의 제품	아이팟, 아이폰
특별한 진정성 (Exceptional authenticity)	기존 제품과 구별되는 특별함을 가진 제품	수제 햄버거, 슬로푸드
연관성의 진정성 (Referential authenticity)	브랜드와의 연관 이미지를 진짜처럼 완벽하게 구현하는 제품	시각 장애인 Rory Field의 Nike 광고
영향력 있는 진정성 (Influential authenticity)	경제적 이득을 넘어선 대의를 추구하는 제품	'톰스 슈즈'의 공익 마케팅

두 번째는 '인구구성의 재편성' 현상이다. 인구의 노령화가 본격화됐다는 뜻이다. 인구의 노령화는 그저 노인이 많아진다는 것을 의미하지 않는다. 40세 이상의 중장년층이 인구 구성의 절반을 넘게 차지하게 되는 현상을 가리키는 말이다. 중장년층이 인구에서 차지하는 비중이 절반을 넘게 되는 것은 인류 최초로 21세기에 들어서다.

이제 사람들은 공식적인 경제활동이 끝나고도 오랜 시간을 더 살아야만 된다. 여기에 하나의 집단 무의식이 작용한다. 긴 세월을 더 살아야하는 사람들은 소비행위에서도 이왕이면 의미를 찾기 시작하게 됐다. 모두가 착해진다는 뜻은 결코 아니지만 되도록 의미 있는 소비를 선호하기 시작했다는 말이다.

기술적 진보의 바탕(정보주권의 재편성)에서 이런 소비자 의식의 변화(인구 구성의 재편성)는 마침내 새로운 소비자 집단을 등장시켰다. '사회적으로 개입하는 혹은 책임지려는 소비자'인 'SEC(Socially Engaged

Consumer)'가 등장한 것이다. 사회적으로 관여하는 소비자의 비중은 계속 높아지고 특히 그들의 발언권은 더 커지고 있다.

진짜와 가짜를 쉽게 구별할 수 있는 정보를 가지고 있고 이왕이면 의미있는 소비를 하려는 이런 소비자들에게 '진정성'이야말로 매우 중요한 선호 기준이 된다. 진정성이 21세기 들어 급격히 부각되는 원인은 이들에게 있는 것이다. 이들이야말로 '브랜드를 보면 그것이 진짜인지 가짜인지 구별하려고 하고 가짜라면 그 소식을 널리 전파할 수 있는' 사람들인 것이다.

오해하면 안 된다. 이런 소비자집단의 목소리가 커지고 따라서 진정성이 중요한 주제가 돼 가는 것은 틀림없지만 모든 소비자가 착해진다는 뜻은 결코 아니다. 여전히 '나만 좋으면 모든 것이 문제없는 것'이라고 생각하는 소비자는 여전히 있다.

〈그림〉 21세기의 두 가지 현상과 새로운 소비자 집단의 등장

1. 정보주권의 재편성	2. 인구구성의 재편성
• 정보 생산의 주체가 되는 소비자	• 인구의 노령화
• 기업의 악행을 숨길 수 없게 됨	• 의미 있는 소비 추구의 일반화

+

Socially Engaged Consumer의 본격화

● 사과라도 제대로 하자!

정보주권이 재편되고 있다. 이제 소비자, 시민도 정보의 생산과 유통의 주체가 되고 있다. 이제 기업의 실수나 악행은 옛날처럼 쉽게 숨길 수 없게 됐다. 광고 던져주고 대신에 기사 죽이는 관행이 더 이상 통용되기 어렵게 됐다는 뜻이다. 기사 막으면 뭐 하나? 유튜브(Youtube)에 영상이 뜨고 페이스북(Facebook)에서 공유되는데. 이러다보니 기업이 소비자를 향해 사과를 해야 하는 일이 갈수록 많아지고 있다. 예전보다 기업이 사고를 많이 치는 것이 아니라 사고 친 것을 더 많이 들키고 있는 것이다. 미디어에 안 나와도 쉽게 퍼지게 되었기 때문이다. 대부분의 잘못된 사과는 전형성을 띤다.

- 사과문인데 무슨 사고를 친 것인지 못 알아차리게 두리뭉실하게 서술한다.
- 잘못은 피해자한테 저질러 놓고도 엉뚱하게도 국민(혹은 팬)에게 미안하다고 한다.
- 많은 사람이 이미 마음이 상했는데 '심려를 끼쳤다면' 따위의 조건형 사과를 한다.

이 패턴을 벗어나기가 그리도 어려운가?

위기 대응에 있어 핵심 메시지를 작성할 때 최소한 필요한 'CAP 원칙'을 소개한다.

- Care · Concern(20%): 현재 또는 잠정적인 피해자에 대한 관심 및 우려를 표현한다.
- Action(50%): 발생된 사건 · 사고에 대응하기 위해 현재 회사가 취하고 있는 실제 조치에 대해 이야기한다.
- Preparedness(30%): 재발 방지를 위해 향후 회사가 고려하고 있는 메시지로 결론짓는다.

'공감 능력'이 곧 '마케팅 능력'이다

1. 호모 엠파티쿠스(Homo Empathicus)의 등장

호모사피엔스는 '생각하는 인간' '사고하는 능력을 가진 인간'이라는 뜻이다. 인간이 다른 생물과 다른 결정적인 이유가 사고하는 능력을 가진 것에 있다는 의미다. 인간의 차별점을 '도구 사용'이라고 보면 인간은 호모하빌리스(Home Habilis)가 된다. '놀이'를 차별점으로 보면 호모 루덴스(Homo Ludens)라고 한다. 인간의 본질적인 특징을 설명하는 다양한 표현 중 최근 주목 받는 것은 '공감하는 능력'을 인간의 차별적 특성으로 보는 '호모 엠파티쿠스(Homo Empathicus)'다. 미국의 미래학자인 제러미 리프킨(Jeremy Rifkin)은 인간의 본성을 '공감하는 존재'라고 주장하면서 그의 저서 『공감의 시대』에서 '호모 엠파티쿠스'가 미래 감성시대의 주인공이 될 것이라고 주장했다. 라틴어 엠파티쿠스(empathicus)는 '공감한다'라는 뜻이니 '호모 엠파티쿠스'는 '타인과 공감하는 인간' '타인과 공감할 수 있는 능력을 가진 인간'이라는 뜻이 된다. 앞으로는 남에게 도움이 되는 감정적, 실천적 반응을 하는 인간형이 이성적인 호모사피엔스(Homo Sapiens)보다 더 바람직한 인간형이 될 것이란 얘기다.

2. 아프냐? 나도 아프다!

실제로 인간에게는 다른 사람의 생각과 감정을 본능적으로 읽어내는 능력이 있다고 한다. 과학계에선 공감을 개체와 집단의 생존에 유리하게 진화한 능력으로 본다. 현대과학은 인간에게 이러한 공감의 능력이 생물학적으로 내재돼 있음을 밝히고 있다.

1996년 이탈리아 파르마 대학의 생리학자 자코모 리촐라티(Giacomo Rizzolatti) 교수는 한 원숭이가 다른 원숭이나 사람들의 행동을 보기만 하고 있었는데 마치 자신이 직접 그 행동을 할 때와 마찬가지로 반응하는 뉴런이 있음을 발견했다. 이후 진행된 연구를 통해 인간의 뇌에는 같은 기능을 하는 더 정교한 신경메커니즘이 있음을 알게 되었고, 이를 '거울뉴런(거울 신경세포)'이라 부르게 됐다.

인간은 이 거울뉴런이 있기에 좋아하는 사람이 아픈 것을 보면, 같은 부위의 뉴런이 활성화돼 자신도 아픈 것처럼 느끼게 된다. 드라마 대사, "아프냐? 나도 아프다!"가 일리가 있는 말이란 것이다. 인간은 이기적인 존재이기도 하지만 동시에 다른 사람의 아픔을 내 아픔으로 여기고 타인의 기쁨에도 진심으로 같이 기뻐해 주는 공감의 능력이 있는 호모 엠파티쿠스이기도 한 것이다.

공감의 능력이 없는 특이종도 물론 있다. 사이코패스(psychopath)나 소시오패스(sociopath)에 대해 들어 봤을 것이다. 사이코패스는 도덕과 양심에 대해 알지도, 공감하지도 못하지만 소시오패스는 머리로는 알아도 공감하지를 못한다고 한다.

사회적으로 높은 지위에 있는 사람들 중 의외로(아니면 예상대로?) 소시오패스 성향의 사람들이 많다고 한다. 공감능력이 없는 사람이 '공감의 시대'라는 21세기에 더 높은 자리에 오른다니 이 무슨 아이러닌가 싶다.

● 감동적인 현수막, 공감의 힘

도쿄의 아키하바라(秋葉原)는 세계적으로 유명한 전자상가에서 이제는 게임, 애니메이션이 전자제품과 어우러진 매니아의 집결지요 오타쿠의 성지가 된 곳이다.

2015년 5월 17일, 아키하바라 거리에서는 재일교포를 대상으로 한 혐한시위가 벌어졌다. 재특회(在特会)가 주도한 시위였다. 재특회는 '재일 특권을 용납하지 않는 시민 모임'의 약칭이다. 피해자를 비난하는 지성의 결여와 변태적 감성을 한 마디로 웅변해주는 이름이라 하겠다. 2007년에 결성된 이 모지리 집단은 2012년부터 한국인이 많이 오는 곳(도쿄의 한류거리인 신오쿠보나 아키하바라 등)

에서 꾸준히 혐한 시위를 벌이고 있다.

트위터 유저인 @Simon_Sin은 "아키하바라에서 '재일'은 나가라는 시위가 벌어졌는데, 그에 대해 반대하는 사람들이 이런 현수막을 걸었다"고 사진과 함께 소개했다. 두 명의 일본인이 큰 현수막을 들고 있는 사진이다.

현수막의 문구는 이러했다. "오타쿠에게 국경이란 없다."

현수막에는 또 'OTAKU, NO BORDER'라는 말과 "배외주의를 용서하지 않겠다"는 말이 쓰여 있었다.

이 일로 나는 배웠다. 오타쿠는 차원이 다른 사람이지 공감을 못 하는 사람이 아닌 것이었다.

3. 공감을 얻는 HO · BO · CO 원칙

좋아하는 사람이 아프면 나도 같이 아파하는 개인 차원의 공감에서 다수 대중과의 커뮤니케이션에 필요한 공감으로 범위를 넓혀 생각해 보자.

리프킨은 공감이란 "관찰자가 기꺼이 다른 사람의 경험의 일부가 돼 그들의 경험에 대한 느낌을 공유"하는 것이라고 했다. 커뮤니케이션을 '생각의 공통요소(Commonness of Thoughts)를 형성하는 과정'이라고 정의할 때와 비슷한 맥락이다.

커뮤니케이션은 메시지에 대해 청중들이 생각을 맞춰 보게 하고 공감을 통해 감정이 이입되면서 믿음이 강화되는 것을 목표로 삼게 된다.

요아힘 바우어(Joachim Bauer)는 『공감의 심리학』에서 "모든 설득의 출발점은 믿음이다"라고 얘기했다. 기업이든 정부든 어떤 사실에 관해 커뮤니케이션할 때, 청중이 우리 얘기를 믿어 주지 않는다면 설득은 아예 불가능해진다.

공감되는 메시지이어야 믿음이 가게 되고 결국 설득이 될 것이다. 우선 공감해야 겨우 믿게 되고 믿게 돼야 비로소 설득이 된다는 것이다. 공감이 되는 이야기는 세 가지를 필요로 한다.

먼저, 사람들은 솔직함에 공감한다. 심지어는 약간의 결함이 있어도 그 결함을 있는 그대로 인정하면 공감의 정도는 강해진다. 따라서 신뢰하게 되는 경향성도 커진다.

두 번째, 사람들은 유대감을 느낄 때 설득된다. 최소한 오랫동안 접했기에 친밀감을 강하게 느끼는 대상의 말이거나 아니면 감정이입이 잘 되는 이야기일 때 소비자는 공감한다는 것이다.

세 번째, 사람들은 일관된 행동 앞에 쉽게 설득 된다. 이야기를 하는 주체가 언행일치를 보여 주는 메신저라고 받아들여져야 공감과 신뢰를 이끌어 내어 설득된다는 것이다. 솔직하게 열려있는 자세를 보이며 유대감이 있는 메신저가, 모순 없고 일관성 있는 메시지를 발신할 때 청중들은 공감과 신뢰를 형성하게 된다.

간단하게 HOBOCO라고 부르고자 한다. 솔직함(Honesty), 유대감(Bonding), 일관성(Consistency)의 영어 앞 글자를 딴 표현이다.

'충실성과 편의성', 둘 중 하나는 반드시 확보해야 한다

한때 트레이딩 업(Trading Up)이란 말이 유행했었다. '90년대 중후반 보스턴 컨설팅 그룹이 『소비의 새 물결, 트레이딩 업』이라는 책에서 제시한 개념이다. 중가제품을 주로 구입하던 중산층 이상의 소비자가 품질이나 감성적인 만족을 얻기 위해 비싼 제품에도 기꺼이 높은 가격을 지불하는 소비패턴을 말한다. 감성적 만족을 극도로 끌어 올리는 명품 브랜드를 사게 된다는 것이 아니다. 기능적 측면, 감성적 측면을 동시에 만족시키는 신명품 브랜드(New Luxury Brand)를 소비하는 경향을 말한다. 1990년대 말부터 미국에서 유행하기 시작하여 전세계로 파급되었고 의류나 가방은 물론 가전제품과 자동차·가구·식품·건강 등 산업 전반으로 확산되었다.

트레이딩 업 소비패턴에 맞춘 신명품을 매스티지(Masstige) 브랜드라고 했다. 대중(Mass)과 명품(Prestige)을 조합한 말이다.

매스티지가 힘을 얻던 호황기가 지나고 장기저성장 시대가 시작되었다. 2008년 말 케빈 매이니의 책 『트레이드 오프』가 출간됐다. 이 책의 요지는 성공하기 위해서는 충실성(Fidelity)과 편의성(Convenience) 중 어느 하나를 확실히 추구하는 선택이 경쟁에서 유리한 고지를 점할 수 있는 현명한 결정이란 것이다. 만약 충실성에 집중하고자 결정했다면 편의성에 연연하지 않는 편이 기회비용을 넘어설 수 있는 최선의 선택이며, 그 반대도 마찬가지라는 것이다.

우리도 살아가면서 충실성과 편의성 중 하나를 선택하는 결정을 끊임없이 한다. 하나를 선택했으면 다른 하나는 포기하는 것, 하나의 선택 때문에 다른 하나가 상쇄되는 것. 이것이 바로 '트레이드 오프'다.

충실성은 대상에 대한 총체적인 경험이다. 편의성은 구하기가 얼마나 쉬운지를 의미한다. 축구경기를 보러 멀리 있는 경기장에 간다면 충실성의 추구가 된다. TV로 집에서 축구경기를 보는 것은 편의성의 추구가 된다. 록 스타들의 콘서트가 매진되는 이유는 다른 어떤 방법으로도 재현될 수 없는 충실성을 경험할 수 있기 때문이며, 반대로 온라인에서 MP3 파일을 구매하는 이유는 충실성은 낮지만 편의성이 높기 때문인 것이다.

중요한 것은 어중간해선 안 된다는 점이다. 충실성이나 편의성 중 하나를 뚜렷이 차지한 브랜드는 성공하지만 어중간하게 중간에 위치한, 즉 그저 그런 충실성이나 편의성을 갖춘 제품은 고객들의 구매 의욕을 불러일으킬 수 없다.

지금이야 좀 달라졌지만, 아이폰은 비싼 가격과 발매 초기 항상 줄을 서야하는 수량부족에도 불구하고 휴대폰 시장에서 최고의 충실성으로 자리매김하면서 성공을 거두었다. 월마트는 충실성은 낮지만 싼값에 쉽게 쇼핑할 수 있다는 최고의 편의성 제공으로 소매업계의 선두가 됐다.

충실성이나 편의성 중 하나만 선택해야 성공한다. 접점에서의 비대면 서비스, O2O 서비스로 대표되는 언택트 마케팅은 '편의성'이 중요한 분야에서 빠르게 성공하고 있다. 편의성은 얼마나 손쉽게 구할 수 있는지, 저렴한 비용으로 구할 수 있는지, 사용하기가 쉬운지에 관한 개념이다. 택시, 화장품 매장, 커피숍, 은행, 소매업 등 언택트 마케팅이 활발한 곳의 공통점은 편의성이 매우 중요한 업종이란 점이다.

소비자 입장이 되어 보자. 편의성이 중요한 제품을 구매할 때엔 '부담 없이 편리한 느낌'이 무엇보다 중요하다. 편하게 싸게 사서 쉽게 쓸 수 있어야 하는데 '편하게 싸게' 사는 과정에서 균질적이지 못한 인적 서비스가 개입하면 불편할 수 있다.

사람들은 조금 더 받은 이익보다는 자기만 덜 받았다는 손해에 훨씬 더 민감하게 돼 있다. 접점에서 소비자를 대하는 직원의 품성이나 기본에 따라 자신이 불공평한 취급을 받았다고 느끼게 해서는 절대로 안된다. 딱히 더 대접 받았다는 느낌을 주려고 하기 보단, 덜 받았다는 생각이 들지 않도록 하는 공평함이 필요하다. 그렇기에 접점에서 소비자들이 손해 받는 느낌을 받지 않도록 해야 하는 것이다. 그런 면에서 기계는 공평하다. 그러니 언택트 마케팅이다. 고객은 '손해 보는 느낌'이 없어서 좋고, 기업은 소중한 인적자원이 감정노동으로 피폐해지는 것을 줄일 수 있어 좋다.

편의성이 중요한 업종에서 언택트 마케팅은 '편리한 느낌'이 '즐거운 고객경험'으로 승화될 수 있는 방향으로 진화할 것이다. 과하지 않은 서비스로 부담을 줄이고 정확한 거래로 편리성을 극대화해야 한다.

구매과정에서 총체적 경험을 풍성하게 하는 것이 아니라 과정의 편리함에 구매결과의 만족감이 더해진 즐거움을 만들어 내야 한다.

'충실성'이 중요한 업종에서는 언택트 마케팅이 다른 형태로 전개될 것이다. 충실성은 월드컵 축구경기를 보러 카타르에 직접 가는 것과 같다. 직접 카타르에 가는 이유는 경기 말고도 많다. 현장의 열기와 직관의 짜릿함도 중요하다. 더 중요한 이유는 나중에 '2022년 월드컵 경기'를 카타르에서 직접 봤다고 자랑할 수 있다는 것이다. 내가 그 정도 대접받을 수 있는 사람임을 뻐길 수 있는 것도 중요한 이유가 된다. 물론 이런 이유들 때문에 카타르에 간다고 솔직하게 말하는 사람은 별로 없다. 충실성이 중요한 브랜드도 마찬가지다. 제품사용의 총체적 경험이 풍성하다는 것은 표면적 구매이유다. 충실성이 중요한 제품을 구매할 때 소비자들은 비싼 가격에 걸맞은 '대접 받는 느낌'을 중요시하게 돼 있다. 따라서 구매현장에서의 언택트 마케팅보다는 정보획득, 대안 선택 과정에서의 언택트 마케팅이 더 의미가 있다.

반대로 구매현장 접점에선 오히려 프리미엄화된 인적 서비스를 배치하는 것이 필요할 수 있다. 언택트 마케팅도 트레이드 오프를 하게 된다.

전문성이 크게 인정받지 못하는 분야, 고객만족이라는 허상을 좇느라 직원도 힘들고 소비자도 귀찮아하는 곳은 디지털 기술로 대체하는 것이 맞다. 대접받는 느낌이 중요한 곳에서는 보다 전문성을 갖춘 인력이 배치돼야 하고 전문적인 인적 서비스가 브랜드에 프리미엄을 부여하는 차별적 요소로 자리 잡을 수 있어야 한다. 그렇게 추가된 사람 값은 소비자가 기꺼이 부담하고 그것이 자랑거리가 되는 구조가 등장할 것이다. 어쨌거나 사람에겐 사람이 필요하니까.

06

혁신은
'고객을 위한 변화'

'비연속적 변화'를 가져오는 '기술혁신'을 통해 경제발전이 일어난다는 슘페터의 혁신이론이 등장한지도 1세기가 지났다. 그 이후 '혁신'은 기업활동에서의 주요 화두로 끊임없이 제기돼 왔다.

과거와의 단절적 혁신을 뜻하는 '창조적 파괴'라는 표현도 익숙해졌지만 기업의 혁신 사례는 오히려 찾기가 쉽지 않다.

이유는 무엇일까? 우리는 혁신이라고 하면 '기술혁신', 그것도 과거와의 단절적 변화를 가져오는 극적인 기술혁신만 혁신이라고 봐왔기 때문이다.

● 혁신의 본래 뜻

혁신을 말 그대로 풀면 이렇다. '짐승의 몸에서 갓 벗겨낸 가죽(皮)에서 털과 기름을 제거하고 무두질로 부드럽게 잘 다듬은 가죽(革)을 새

롭게 한다(新).'

중국 고전 '설문해자(說文解字)'에는 혁(革)을 이렇게 설명하고 있다.

"獸皮治去其毛 曰 革 革便也(수피치거기모 왈 혁 혁편야)", '짐승의 가죽
(皮, 피)에서 그 털을 뽑아 다듬은 것을 혁(革)이라 하며 혁은 편한 것이
다'라는 말이다.

맨 가죽과는 차원이 다른 새로워진 가죽이 혁이란 얘기다. 이 맥락
에서 혁신은 '면모를 일신하다' '고치다'는 의미가 되었고 '묵은 제도나
방식을 새롭게 고쳐서 새로운 가치를 만들어가는 과정'을 일컫는 말이
됐다.

슘페터(Joseph Schumpeter)는 1912년 『경제발전의 이론』, 1928년 『자
본주의의 불안정성』이라는 논문에서 경제성장의 외적 동인으로 혁신
(Innovation)과 기업가 정신(Entrepreneurship)을 들었다.

혁신은 보통 두 가지 유형으로 나뉜다. 하나는 연속적(Continuous) 혁
신이다. 기존 제품을 개선하는 차원이기 때문에 존속적(Sustaining) 혁
신이라고도 한다. 이는 반도체의 집적도를 단계적으로 올리는 것처럼
일정 정도 목표가 명확하기 때문에 브랜드의 품질을 지속적으로 개선
하는 혁신을 의미한다. 그래서 연속적 혁신이라고 한다.

두 번째는 비연속적(Discontinuous) 혁신이다. 신규 시장을 창출하거나
기존 시장을 재편하는 혁신을 의미하므로 파괴적(Disruptive) 혁신이라
고도 한다.

사전적으로는 제도나 방법, 조직이나 풍습 따위를 고치거나 버리고

새롭게 하는 것, 좁게는 기술혁신의 의미로 주로 사용된다. 하지만 혁신은 생산기술의 변화만이 아니라 신시장이나 신제품의 개발, 신자원의 획득, 생산조직의 개선 또는 신제도의 도입 등도 포함하는 보다 넓은 개념이다. 일반적으로 제품·공정·조직·마케팅 등 4분야의 혁신을 4대 혁신이라고 한다. 나는 '고객을 위한 변화'를 추구하는 모든 행동이 혁신이라고 본다.

고객지향의 변화가 혁신이다

나일론의 발명은 인류의 의생활에 커다란 변화를 가져왔다. 분명 이것은 혁신이다. 그것도 기술혁신이다. 그렇다면 샤넬(Gabrielle Chanel)의 경우를 생각해보자. 치마 밖으로 여성의 다리가 나오는 스타일을 처음 만들고 그를 통해 여성의 몸을 코르셋으로부터 해방시킨 것은 혁신의 사례인가 아닌가? 혁신을 '기술혁신'으로만 보게 되면 샤넬은 '혁신가'일 수 없다. 그러나 고객의 생활을 더 좋은 방향으로 바꾸는 변화의 계기를 만들었다는 점에서 샤넬은 혁신가의 자격을 얻게 된다.

분명 슘페터도 얘기했다. 기술혁신이란 단지 생산방법이 바뀌는 것이 아니라 신상품·신원료·신시장·신경영 조직이 등장하는 것이라고. 이를 고객중심의 시각으로 바꿔보면 혁신이란 '고객에게 새로운 제안을 하는 모든 활동'이 된다. '소비자를 위한 계속적인 변화', 이것이 혁신의 본래 의미다. 레인메이커가 지향하는 혁신은 바로 이것이다. '고객에게 새로운 제안을 하려는 끊임없는 노력'이요 '소비자를 위해 계속 변화하려는 자세' 바로 이것이 레인메이커의 혁신이다.

하늘 아래 완전히 새로운 것이 어디 있겠나? 완전한 무(無)에서 새로운 유(有)를 만드는 것만이 혁신이라고 우기지 말자. '고객입장의, 새로운 가치를 주려는 모든 변화'가 혁신이다.

● 다이소의 성공은 혁신의 부산물

야노 히로타케(矢野博丈) 다이소산업(大創産業) 회장은 괴짜로 유명하다. 일본에서는 2012년 '야노 어록'이 폭발적인 화제를 모았다.(관련기사 2014.12.05. 비즈니스 포스트 http://goo.gl/D6Lvhj)

- 경영전략을 묻는 질문에 대한 그의 답변. "경영계획, 전략, 그런 거 없다. 목표 없다."
- 그는 자신의 삶을 놓고도 "인간에게 앞을 내다보는 능력 따윈 없다"거나 "산다는 것은 기본적으로 즐거운 일이 아니다"라는 식으로 부정적 발언을 거침없이 했다.
- "좋은 일은 더 이상 일어나지 않을지도 모르지만 사는 것에 감사하는 수밖에 없다."
- 고객을 위한 전략에 대해서 "손님은 뭘 잘 모른다"거나 "해 온 일들이 좋은 것인지 나쁜 것인지 다이소가 망할 때가 돼봐야 안다"고 대답하기도 했다.

괴짜라고 가볍게 보지 말자. 그는 1987년 100엔숍을 창업해 일본에 2,680개 매장을 비롯해 아시아는 물론 북미, 중동, 아프리카 등에 3,000여 곳의 매장을 운영하고 있다. 회장 스스로도 "다이소 같은 기업은 3년 혹은 5년이면 망할 테니 그때까지 열심히 100엔짜리 물건을 팔자"고 말하면서 직원을 독려(?)한다고 하는데도 다이소는 일본의 장기 불황을 뚫고 100엔짜리 물건을 팔아 3,000억 엔 이상의 매출을 올리는 성공신화를 써낸 기업이 됐다.

성공의 이유는 간단했다. '고객을 위한 변화'를 가장 중요한 가치로 삼은 것이 그 이유였다. 고객을 위한 끊임없는 변화? 바로 혁신이다. 혁신이 성공 이유였던 것이다.

"21세기에 이렇게 하면 된다, 저렇게 하면 된다는 것이 없다. 판매자가 머리를 굴려 계획을 짜고 예상을 해도 그대로 되는 일은 거의 없다. 우리는 오직 손님의 눈치를 보며 끊임없이 변화를 시도할 뿐이다."

야노 회장의 말이다. 그는 경영계획이나 목표 같은 것을 세우지 않고 회의도 잘 하지 않는 것으로 알려졌다. 차라리 그 시간에 고객을 만족시키기 위해 끊임없이 변화를 시도하겠다는 것이 그의 경영방침이다.

야노 회장은 "소비자 취향과 요구에 따라 언제든지 변화할 수 있는 준비태세를 갖추는 것이 유통업의 기본"이라며 "스스로 환경변화에 적응하지 못하는 기업, 진화하지 않는 기업은 살아남을 수 없다"고 강조한다.

야노 회장은 70엔에 물건을 들여와 100엔에 파는 대신 고객이 만족할 수 있는 품질이면 무조건 100엔에 맞춰 팔기로 했다. 구매가격의 한계를 없애 때로 100엔에 사와 100엔에 팔기도 했다. 야노 회장의 가격 결정 기준은 '원가'가 아닌 '고객'이었다.

공통적으로 나타나는 키워드는 무엇인가? 손님, 소비자, 고객이다. '고객에게 새로운 제안을 하려는 끊임없는 노력'이요 '소비자를 위해 계속 변화하려는 자세'가 혁신의 시작이다.

다이소는 혁신으로 성공한 기업이다. 깔보지 말자. 앱으로 치장하고 수수료 삥 뜯는 곳보다는 훨씬 더 '고객지향의 혁신적인' 기업이다.

마케팅에 대한 생각법 14
관찰에서 혁신은 시작된다

무엇보다 고객과 소비자가 원하는 방향으로 변화해야 한다. 변화의 방향을 읽어내기 위해 제일 중요한 것은 관찰이다. 언제 어떤 식으로 사용하는지 겉으로 표현하진 않지만 불만은 무엇인지 지속적으로 살펴보고 고객중심의 개선책을 내는 것이 혁신의 출발점이다.

고객지향적인 혁신의 사례로 맥심 커피 믹스의 '이지 컷'*을 꼽고 싶다. 나는 21세기 대한민국 소비재 마케팅에서 대표적인 혁신사례로 이지 컷을 꼽는데 주저하지 않는다.

커피 믹스를 사용하는 고객이 "커피 믹스를 뜯을 때 세로로 찢겨서 너무 불편하다"고 얘기한 경우는 없었다. 그것 때문에 안 사먹겠다는 소비자도 없었다.

'이지 컷'은 관찰의 산물이다. 작아 보일지라도 고객을 위한 변화 노력이 가시적으로 보이게 됐다. 충성고객은 저절로 확보됐다.

또 다른 사례, 오래 전 미국의 얘기다. 보험에이전트는 세일즈맨으로 인식되고 있었다. 보험상품을 소개받기에는 무리가 없지만 그 이상의 얘기를 계속 나눌 상대는 아니라는 생각이 지배적임을 관찰과 대화를 통해 알아냈다. 고객의 입장에서는 한 번 가입하면 더 볼일 없는 사람이 보험 에이전트였다. 그러니 기업의 입장에서는 고객과의 관계가 일회성에 머물게 된다.

푸르덴셜은 어떻게 혁신했던가? 인적자원의 변화로 고객지향적 변

---

* Easy-cut, 낱개 포장을 가로로 쉽게 찢을 수 있도록 커팅 선을 낸 포장 방법

화를 이뤄 냈다. 세일즈맨이 아닌 어드바이저가 될 수 있는 인력을 채용하고 육성했다. 고객과 재무설계를 의논할 수 있는 플래너를 만들어 내고 고객과의 지속적인 관계유지로 기업의 수익성도 향상시키는 혁신을 이뤄 냈다. 고객을 관찰하고 고객중심으로 개선하는 것이 혁신의 첫걸음이다.

"개선한다는 것은 변화하는 것이다. 완벽해진다는 것은 자주 변화하는 것이다"라는 처칠(Sir Winston Leonard Spencer-Churchill)의 얘기를 마음속에 담아 두자.

● 변화를 읽는 관찰의 힘

#1. 서광원의 『사자도 굶어죽는다』에는 관찰에 관한 재미있는 얘기가 나온다. 소개하면 이렇다. 성공의 이유를 밝힌 것인지 성공한 후 이유를 찾다보니 나온 얘기인지는 본인만이 알겠지만….

1990년 전후, 중국시장은 확신할 수 없는 시장이었는데 한 중소기업 사장이 과감히 투자를 결행했고, 몇 년 후 그의 위험을 무릅쓴 판단이 큰돈을 벌게 했다. 그 사람은 남들이 다 망설이는데 뭘 보고 결단을 했던가?

"중국의 도시를 돌면서 길거리의 개와 고양이를 봤어요. 개와 고양이는 사람이 먹고 남은 걸 먹는 것이라서 못 사는 곳에서는 비쩍 마른 개와 고양이만 있지만, 먹고 살만한 곳에서는 개와 고양이도 살이 오르잖아요? 그 때 베이징과 상하이에서 살이 오르기 시작한 개와 고양이를 많이 봤어요."

#2. 작은 현상에서 큰 그림을 보는 통찰력

에이전시는 클라이언트에게서 배운다. 1990년대 중반, 당시 KTF(한국통신 프리텔, 식별번호 016)를 위해 브랜드 진단 체계를 만든 적이 있다. 소비자 조사를 기반으로 브랜드의 성과를 체크하고 브랜드 자산을 점검하는 트래킹 시스템을 만드는 일이었다.

전체 프로젝트를 함께 진행했던 KTF의 담당자는 C차장이었다. 그와 소비자 조사 설문내용을 협의할 때였다. 브랜드 진단 항목은 거의 결정됐고 소비자의 휴대폰 사용이 얼마나 더 일반화될 지를 확인하는 항목을 무엇으로 할 것인지 논의하고 있었다. C차장은 이렇게 묻자고 했다. '집에서도 집전화를 안 쓰고 휴대폰으로 통화하는지?'를 물어보자는 것이었다.

그때만 해도 집에 있는데 휴대폰으로 전화 오면 집전화로 다시 걸었던 시절이었다. 집전화 안 쓰고 집에서도 휴대폰으로 통화한다는 소비자의 비중은 3%가 채 안 됐던 것으로 기억하고 있다. 무슨 말도 안 되는 얘기냐고 생각 했었지만 어찌 됐든 그 항목을 넣었었다.

이제 집에서도 휴대폰으로 전화하는 사람은 몇 %나 될까? 돌이켜보면 C차장의 영민함은 내가 따라 갈 수 없는 수준이었던 것 같다.

Part 4

브랜드, 최후의 승부처

"A brand for a company is like a reputation for a person.
You earn reputation by trying to do hard things well."

-Jeff Bezos

01

기업 활동은
모두 브랜딩

브랜드의 플라시보 효과

사람들은 '보는 것을 믿는가? 아니면 믿는 것을 보는가?' 물론 믿는 것을 본다. 우울증 환자에게 약을 건네면서 "기분을 좋게 해주는 약"이라고 말하면, 사실은 치료 성분이 전혀 없는 설탕약인데도 기적이 일어난다. 이른바 플라시보 효과(Placebo Effect)다.

'플라시보'는 라틴어의 'I will please'에서 온 말로, 실제로는 아무 효과가 없는 약을 복용함에도 불구하고 자신이 유효한 약을 먹고 있다는 인식 때문에 실제로 병세가 나아지는 현상을 뜻한다.

중요한 것은 실제가 아니라 인식이다. 플라시보 효과는 우리에게 사람의 인식(Perception)에 관한 중요한 가르침을 준다. 사람들은 믿는 것을 본다지만 '믿고 싶은 대로 본다'가 더 맞는 답이 된다. 이 말은 특정 제품이나 서비스를 우리가 원하는 방향대로 인식시킬 수 있다면 이른바 '브랜드 플라시보 효과'가 나타날 수 있다는 것을 뜻한다. 어떤 브랜드가 이런 작용을 할 것이라 믿으면, 그 브랜드가 실제로 그렇게 해냈다고 믿게 되는 것을 말한다.

소비자의 믿음이 너무 강할 경우엔 실제로 그렇지 않았을 때조차도 사람들은 그렇다고 믿어 버린다.

소비자는 브랜드가 지향하는 아이덴티티를 일단 이미지로 받아들이고나면 자신이 받아들인 그 방향을 벗어나면서까지 브랜드를 냉철하게 평가하지는 않게 된다.

좋은 연상으로 각인된 브랜드(그러니까 긍정적 이미지를 형성한 브랜드)는 쉽게 그 인상이 없어지지 않는다.

순면 티셔츠가 1만 원에 팔릴 수도 있고 30만 원에 팔릴 수도 있다. 할인 매장에서 팔릴 수도 있고 최고급 부티크에서 팔릴 수도 있다.

얼마에 팔리는가 어디서 팔리는가는 티셔츠 안에 붙어 있는 브랜드가 결정한다. 브랜드가 떠올리게 만드는 연상이 무엇인가에 따라 결정된다.

진부한 질문이지만 생각해보자. 폴 바셋(Paul Bassett)의 커피가 집 근처 커피숍의 커피보다 반드시 더 좋다고 말할 수 있을까? 잘 모르겠다. 그래도 폴 바셋 커피를 마시는 것은 다른 곳의 커피를 마시는 것과는 분명한 차이가 있다. 경쟁사의 제품과 서비스보다 더 뛰어나다는 느낌을 전해주고, 뭔가 차이가 있다는 느낌을 주는 힘은 어디에서 나오는가? 그것은 바로 브랜드다. 똑같은 제품이라 할지라도 그 제품에 차별성을 부여하는 것이 브랜드다.

특정 브랜드에 대해 소비자가 강렬한 생각·연상·단어 등을 떠올릴 수 있게 되면 소비자는 그렇게 떠오르는 인식의 방향대로 그 브랜드를 받아들이게 된다.

브랜드는 그 자체로 돈이 되는 자산이다

20세기 초의 브랜드는 상품이나 서비스를 식별하는 수단이었다. 시간이 흐르면서 브랜드는 품질과 신뢰성을 대변하는 것으로 변모했다.

브랜드는 소비자에게 어떠한 보증 같은 것을 제공했다. 소비자들이 좀 더 부유해지고 자아실현 욕구를 추구하게 되자 브랜드는 더욱 강렬하게 브랜드 소유자의 성공을 의미하게도 됐다.

사람들은 브랜드를 몸에 지니거나 사용하고 있음을 보여주거나 좋아한다고 공공연히 말하게 됐다. 마치 교복의 이름표와도 같이 자신의 소속을 밝히는 기능을 브랜드가 맡게 됐던 것이다.

브랜드는 단순한 제품의 이름으로부터 성공의 상징, 그리고 우리가 자아실현을 위해 삶을 즐기는 수단으로까지 변모해 왔다. 소비자들은 자신들의 라이프스타일에 걸맞은 브랜드를 원하게 됐다. 소비자는 브랜드가 하는 말과 행동을 통해서 그 브랜드가 자신의 삶의 방향과 맞는지를 느끼게 되고 이러한 경험으로 머릿속에 각인된 브랜드는 쉽게 내칠 수 없게 된다.

장기불황 때문에 우리나라 소비자들이 이제 브랜드를 버리고 '가성비'를 택하게 됐다는 주장(브랜드의 몰락, 가성비의 약진이란 식)이 대두되고 있다.

브랜드가 몰락하고 가성비가 약진한다? 사람들이 브랜드를 버리고 가성비를 택하는 것이 아니다. 'Value for Money'를 핵심가치로 내세우는 브랜드를 더 찾게 된다는 뜻이다. '가성비'가 핵심가치인 브랜드가 상대적으로 약진한다는 얘기다. 자신들의 라이프스타일에 '가성비'가 걸맞다고 생각하는 사람들이 많아진다는 얘기다. 경제상황이 안 좋으니까.

프리미엄 브랜드건 가성비 브랜드건, 브랜드는 그 자체로도 돈이 되는 자산이다. 소비자들이 회사의 브랜드로 인해 생기는 프리미엄에 대해 돈을 지불하는 것을 아깝지 않다고 생각하고 있다면 그 회사의 브랜드는 가장 소중한 자산 중의 하나가 된 것이다. 비싼 로열티를 지불하면서까지 다른 유명 브랜드를 자사의 상품으로 유치하려는 이유도 바로 이러한 브랜드가 큰 수익을 보장하기 때문이다.

브랜드로 인해 발생하는 수익 이외에도 브랜드는 그 자체로 하나의 상품이다. 코카콜라의 브랜드 가치는 2018년 660억 달러(2018년 10월 4일, 인터브랜드 보고서 기준)가 넘는 것으로 평가됐다. 롤스로이스가 매각될 때 브랜드 가치는 6,600만 달러였다.

브랜드에 2를 마케팅에 1을 투입하라

브랜드의 힘은 시장 점유율의 또 다른 모습, 미래 지표가 된다. 브랜드의 힘은 시장에서의 위상을 미리 알려주는 선행지표다.

란체스터의 법칙 중 제곱의 원칙에 대입해서 생각해 보자. 전체 전력은 초기 투입 병력의 제곱에 비례한다. 그러니까 브랜드력이 1/2인 후발 기업이 동일한 시장성과를 올리려면 4배의 마케팅 재원이 필요하게 되는 것이다. 마케팅은 고객을 두고 경쟁사와 벌이는 끝없는 전쟁과도 같다.

이 때 브랜드는 마케팅 전쟁에서 유리한 입지에서 싸울 수 있게 하는 교두보*와도 같게 된다. 전통적으로 브랜드는 기술보다는 비기술 분야에서 더 중요하며, 기능보다는 이미지가 중시되는 제품군에서 더 크게 작용하는 것으로 여겨져 왔다. 화장품, 의류 등의 패션산업군이 대표적인 제품군이다. 이젠 옛말이다. 오늘날에는 모든 제품이 브랜드로 다가가고 있으며 모든 기업이 브랜드로 전달되고 있다. 심지어 산업재나 공공 영역의 서비스까지도….

특히 오늘날처럼 기술이 평준화된 시장은 브랜드가 지배한다. 쿠프만은 전투에서 전략적 전력과 전술적 전력은 어느 정도의 비율이 이

---

*橋頭堡, bridgehead : 교두보는 교량 반대쪽 끝 따위와 같이, 공격측이 어떤 수역을 가로질러 건넌 곳에 형성되는 전략적으로 중요한 구역

상적인가 하는 문제를 현대전의 사례를 통해 분석했다. 그리고 이 비중이 2 : 1의 비율로 수렴한다는 것을 발견했다. 전략과 전술이 가장 이상적인 비율은 2 : 1이란 것이다.

전략에 브랜드를, 전술에 마케팅을 넣어 보자. 브랜드에 2를 투입하고 마케팅에 1을 투입하는 것이 이상적이란 얘기가 된다.

브랜드로 가격경쟁의 악순환에서 벗어나자

비슷한 가격대의 제품 중에서 만들어내는 회사에 따라 품질이 천차만별인 경우를 겪어 본 적이 얼마나 있는가? 품질에 큰 차이가 없는데도 어떤 건 잘 팔리고 어떤 건 안 팔리는 이유는 브랜딩의 차이 때문이다. 브랜드를 어떤 식으로 인식시킬지 명확하게 정리하고 그 목표인식이 강렬하게 자리 잡도록 관련된 다양한 경험을 제대로 제공했느냐 아니냐가 차이를 만들었을 것이다.

브랜드와 브랜딩이 더 중요해지는 이유는 또 있다. 완전히 혁신적인 기술이 등장하는 드문 경우를 빼면 거의 모든 산업군에서 앞으로도 등가제품화의 추세는 더 커질 것이기 때문이다. 등가제품화의 경향성이 현재의 그것보다도 극도로 더 높아지면 기업들의 선택은 어쩔 수 없이 가격 경쟁이 될 수밖에 없다.

힘 있는 브랜드, 강력한 브랜드 자산이 구축된 브랜드는 경쟁기업

모두가 상처받게 되는 가격 경쟁을 피할 수 있는 거의 유일한 대안이 될 수 있다. 업종도 상관없다. 자동차든, 과자든, 컴퓨터든 또는 컨설팅이든 모든 산업 영역의 모든 상품에 브랜드의 힘은 적용될 수 있다.

특정 산업군이 공급 초과인 상황에 놓였을 때 그 산업군에 있는 거의 모든 기업은 가격인하의 유혹을 느끼게 된다. 뒤늦게 시장에 진입하는 신규진입자에게도 가격인하 압력은 강하게 작용한다.

이러다보면 결국 가격에 대한 고객들의 관심은 점차 더 줄어들며 경쟁자들은 서로 서로 물어뜯는 개싸움을 펼치게 되는 상황에 놓이게 된다. 이러한 파괴적인 가격 경쟁에 대한 유일한 대안 또한 역시 강력한 브랜드다.

브랜드,
처음부터 제대로 만들자

브랜드에 대한 생각법 1

마케팅은 '파는 것', 브랜딩은 '남기는 것'이다

마케팅은 '잘 파는 것'이다. 과격한 표현이지만, 어떤 짓을 하더라도 많이 팔 수 있다면 마케팅은 성공인 것이다. 경쟁사의 마케팅 활동을 불법으로 만드는 것이 가장 아름다운 마케팅이라고까지 하니 말이다.

거기까진 가지 않더라도 보통의 마케팅이란 전통적 의미의 마케팅 구성요소인 4P 믹스를 잘 이용해 많이만 팔면 되는 것이다. 이러다보니 마케팅의 결과는 숫자로 측정되기 마련이다. 판매량 · 매출액 · 수익률 등. 극단적으로 말해서 소비자들이 브랜드에 대해 무엇을 떠올리게 되던 많이만 팔면 되는 것이 마케팅이다.

그렇다면 브랜딩은 마케팅과 어떻게 다를까? 브랜딩은 '설혹 지금 당장 많이 팔리지 않더라도 우리 브랜드하면 소비자들의 머릿속에 강력하게 떠오르는 무엇인가가 있게 만드는 것'이다. 그리하여 그렇게 강력하게 떠오르는 연상 때문에 억지로 팔지 않아도 스스로 구매되게 만드는 것이 브랜딩이 된다.

마케팅은 목표고객의 특정한 행동을 이끌어 내기 위해 다양한 도구로 영향력을 행사하는 것이고 소비자가 심정적으로 동의하든 말든 구매를 이끌어 내고자 하는 것이다. 반면 브랜딩은 소비자가 우리가 원하는 방향대로 우리 브랜드를 인식하게 만들어 나가는 노력을 의미한다. 우리 브랜드가 주는 의미를 받아들이고 선택할 때 망설이지 않게 만들어 나가는 것이다. 간단하다. 마케팅은 '파는 것', 브랜딩은 '남기는 것'이라고 보면 된다. 억지로 팔지 않아도 스스로 팔리게 만드는 힘이 브랜드에서 온다. 우량고객을 확보하고 조직에 수익의 단비를 내려야 하는 레인메이커라면 궁극의 마케팅인 브랜딩을 무기로 삼아야 하지 않을까?

● 마케팅과 브랜딩

담배를 예로 들어 마케팅과 브랜딩의 어떻게 다른지를 살펴보자. 젊은층 특히 학생들에게 시장기회가 있다고 판단돼 ABC라는 신제품을 내기로 했다고 하자. 제품을 젊은이들이 좋아하는 풍미를 내도록 하고 이름도 젊은이들이 좋아할 만한 감각적인 이름으로 짓고 패키지 디자인도 젊은 학생들이 좋아하는 연예인을 써서 만든다. 가격도

2,000원 정도로 싸게 한다. 촉진 믹스 중 광고는 젊은이들이 좋아하는 모델을 기용한 광고를 만들고 판촉도 학교 주변에서 시연회를 마구 개최하는 식으로 집행한다. 유통도 (물론 바람직한 사례도 아니고 현실적으로 이렇게 하지는 않지만) 고등학교, 대학교 주변 편의점에 집중한다. 이렇게 되면 정말 많이 팔리게 될 것이다. 마케팅으로는 성공한 것이 될 것이다.

이렇게 마케팅하면 단기적으로 팔리기야 많이 팔리겠지만 ABC란 브랜드에 대해 소비자가 떠올리는 것은 고작해야 '젊은 애들이 피는 싼 담배' 정도가 될 것이다.

브랜딩은 다르게 접근한다. 먼저 ABC하면 소비자들이 무얼 떠올리게 하는 것이 공감을 많이 얻고 또 기업에도 도움이 될지를 명확히 결정하는 것에서 시작한다. 젊은층이 '남자다움'이란 가치에 많이 공감할 것이라고 판단될 경우 ABC하면 '남자다움'이 떠오를 수 있도록 여러 요소를 정리하는 것이다. 제품도 남성적인 향기와 마초적인 느낌이 나는 디자인을 채택한다.

가격도 한 3,000원 정도로 한다. 광고는 남자다운 남자를 상징하는 모델을 써서 진행하고 유통도 거기에 맞춰서 한다. 이런 식으로 진행하면 처음에는 쉽게 안 팔릴 수도 있다. 하지만 꾸준히 전달할 경우 ABC하면 '남자다움'이란 연상이 소비자들의 머리에 떠오르게 될 것이다. '남자다움'이란 가치에 공감하는 소비자라면 집 앞에서 쉽게 ABC를 살 수 없을 때 10분 걸어서라도 ABC를 사도록 만드는 것, 이것이 브랜딩이다.

▶지금까지 얘기한 가상의 사례는 현실적인 얘기가 아니다. 담배는 마케팅 활동이 극도로 제약돼 있다.

이미지는 아웃풋 일 뿐, 아이덴티티가 인풋이다

1. 브랜드전략의 출발은 아이덴티티 설정

'우리 브랜드하면 이런 것을 떠올리도록 만들겠다'고 목표로 정한 인식을 브랜드 아이덴티티(Identity)라고 한다. 따라서 브랜드 아이덴티티는 단순한 '브랜드의 정체성'이 아니다. 'What we are'가 아니라 'What we want to be seen'이다. 목표 인식, 즉 브랜드 아이덴티티가 잘 전달돼 소비자가 결과적으로 브랜드에 대해 떠올리게 되는 인식을 브랜드 이미지라고 한다. 아이덴티티는 원인이고 이미지는 결과다. 아이덴티티가 Input이면 이미지는 Output이 되는 것이다. 브랜드 전략의 출발점은 당연히 Input인 브랜드 아이덴티티를 명확히 정립하는 것이다.

원하는 Output을 얻고자 할 경우 무엇을 Input으로 집어넣어야 할지를 먼저 결정해야 하는 것처럼. "우리 브랜드의 이미지를 개선하고 싶다"는 얘기는 흔하게 들린다. 이미지는 Output이다. 그러니까 '이미지를 개선하고 싶다'는 문제인식은 결과적 Output을 바꾸고 싶다는 얘기가 된다. Output을 바꾸려면 보통 무얼 해야 되던가? Input을 살펴봐야 하지 않던가? 원하는 Output이 나올 수 있게 어떤 Input을 넣을지가 명확히 정리됐던지, 정리된 Input을 제대로 투입했는지를 생각해 봐야 할 것이다. 따라서 이미지를 개선하고 싶다면 Input인 아이덴티티를 다시 살펴봐야 한다는 말이 된다. 모든 브랜드전략의 출발점은 당연히 브랜드 아이덴티티를 명확히 정립하는 것이다. 목표 인식(Perception)을 명확히 정립하고 브랜드를 둘러 싼 많은 요소에서 소비자들이 기업이 의도한 목표 인식을 제대로 느끼고 공감하도록 만드는 것이 바로 브랜딩, 브랜드 커뮤니케이션이다.

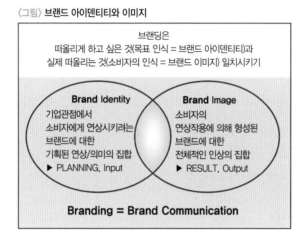

〈그림〉 브랜드 아이덴티티와 이미지

2. '브랜딩 = 브랜드 커뮤니케이션'이다

원래 브랜딩은 마케팅 4P 중 하나인 제품전략에서 '제품에 무슨 이름을 붙일까'하는 네이밍과 '어떤 디자인을 적용할까'하는 디자인 작업을 일컫던 말이다. 'Brand Loyalty'를 '상표충성도'로 번역하던 시절에는 브랜딩이 네이밍과 디자인 작업이란 기능적인 행위를 가리키는 말이었다는 것이다. 요즘에는 상표충성도란 말 대신에 대부분 '브랜드 충성도'란 용어를 사용한다. 이것은 무엇을 뜻하는가? 브랜드가 '상표'와 등치되는 개념을 넘어서는 더 큰 의미를 가지게 됐다는 말이 된다. 이 맥락에서 브랜딩은 '우리 브랜드의 가치나 의미가 소비자에게 잘 전달되고 왜곡없이 이미지로 받아들여지는 과정'을 의미하게 됐다. 브랜딩은 브랜드 커뮤니케이션을 일컫는 또 다른 표현의 하나가 된 것이다.

'브랜드가 중요하다'는 말에는 이제 모두가 공감한다. 하지만 브랜드 전략을 새로이 수립하겠다고 나서는 곳이 많아졌어도 여전히 브랜드를 상표명이나 식별부호 정도로 인식하고 멋진 이름에 세련된 디자인이 브랜딩의 전부인 것으로 착각하는 경우가 아직도 비일비재하다.

브랜딩은 '우리 브랜드하면 이런 것을 떠올리도록 하겠다'는 명확한

〈그림〉 브랜드에 대한 다양한 정의

[브랜드에 대한 기능적 정의, 브랜드는 식별요소의 합이라고 보는 견해]

> • American Marketing Association(AMA, 1991)
> 판매자가 자신의 제품 · 서비스를 식별하고, 다른 경쟁자와 구별하기 위해 사용하는 명칭(name), 용어(term), 심벌(symbol), 디자인(design) 또는 그 결합체(combination)

[브랜드에 대한 소비자관점 정의, 브랜드는 소비자의 인식 자체라는 견해]

> "The networks of thoughts and associations in consumer's head"
> [Brand = Perception]

[브랜드의 요체를 경험이라고 보는 정의, 브랜딩의 정의로 더욱 적합]

> 어떤 조직체와의 거래나 상품 · 서비스의 사용경험과 관련된
> 다양한 직 · 간접경험에 의해서
> 소비자가 그 회사 · 상품에 대해서 가지게 되는 인식과 감정
> [Brand = eXperience]

목표 인식을 정립하고 소비자들이 그런 목표 인식을 이미지로 받아들이게 하는 브랜드 커뮤니케이션을 통틀어 이르는 말이다. 우리 브랜드의 아이덴티티를 소비자가 다양한 접점에서 직접 혹은 간접으로 경험하면서 받아들이게 되는 것이 브랜드 커뮤니케이션이다. 브랜드 커뮤니케이션은 경험의 전달이다. 광고만의 얘기는 결코 아니다.

우선, 브랜드 요소에 아이덴티티를 최대한 담는다

기업이 의도한 목표인식대로 소비자가 이미지를 형성하기 위해서는 다양한 커뮤니케이션 노력이 필수적이다. 하지만 커뮤니케이션 노력 이전에 반드시 고려해야 되는 근본적인 요소가 있다. 기업의 목표인식(즉, 브랜드 아이덴티티)을 담는 기본적인 브랜드 요소인 네임·슬로건·디자인 등을 먼저 고려해야 한다. 목표인식을 담아야 하는 브랜드 요소는 시너지효과를 고려해야 한다. 다른 요소보다 이름으로 목표인식 담기를 해결하려는 경향성이 강하면 어쩔 수 없이 직관적인 접근이 된다. 직관적이란 것은 '척 보면 알 수 있게' 된다는 얘기다.

〈그림〉 목표 인식을 담아야 하는 기본적인 브랜드 요소

Name
Slogan
Design
Categorization

직관적이란 얘기는 그만큼 커뮤니케이션 비용이 적게 든다는 장점이 있다는 것이다. 하지만 장기적으로 브랜드

의 자산을 쌓기에는 지나치게 가벼울 수 있다는 말이 된다.

목표인식이 '세탁조가 완전히 회전해서 세탁력이 탁월한 세탁기'를 지향하는 경우 직관적인 네이밍이란 '통돌이 세탁기'같은 이름을 짓는 것이다. 얼마나 직관적인가? 하지만 이런 브랜드 네임으로 오랫동안 활용하고 장기적으로 확장해서 사용할 수 있을 것이란 기대는 내놓는 것이 좋을 것이다.

직관적인 네임이라고 나쁘다는 것은 아니다. 중요한 것은 기업의 상황에 따른 전략적인 판단이다. 만일 커뮤니케이션 자원이 부족한 작은 회사라면 '통돌이 세탁기'라고 네이밍해도 용서가 된다. 제품의 범주가 좁은 기업에도 이는 동일하게 해당된다. 하지만 커뮤니케이션 자원도 충분하고 제품의 범주도 좁지 않은 기업이 이런 식의 직관적인 네임에 의존하는 것은 장기적인 브랜드 운용 전략이 없기 때문이라고 봐야 한다. 목표인식을 담는 요소에서 네임은 매우 중요하지만 그것만이 전부인 것처럼 생각해서는 안 된다.

● 목표인식을 브랜드요소에 최대한 반영한 성공 브랜드, 클리니크

소비자의 동향을 읽은 결과 고기능성 화장품 그래서 비싸도 괜찮은 마치 피부가 치료될 것 같은 제품에 대한 니즈가 강한 것으로 확인됐다고 치자. 브랜딩은 목표인식을 먼저 정립하는 것이다. 우리 브랜드하면 소비자가 무엇을 연상하게 만들지를 우선 결정해야 한다. 고민 끝에 우리 브랜드는 소비자로 하여금 '단순한 화장품이 아니라 마치 약과도 같다'고 떠올리도록 하자는 결론이 날수 있을 것이다. 먼저

목표인식을 담는 근본적인 요소 중에서도 가장 기본이 되는 네이밍이다. 그래서 네임은 '약'이 쉽게 연상되도록 짓도록 했다. '약'이 쉽게 떠오르도록 만들려 하다 보니 약이 가장 쉽게 연결돼 떠오르는 장소를 네이밍의 소재로 과감히 차용했다. 약이 많은 곳, 치료의 느낌이 가장 강하게 떠오르는 곳 바로 병원이 네이밍의 소재로 활용됐다.

'클리니크(Clinique)'라는 브랜드다. 물론 이성적으로 이 브랜드를 병원이라고 생각하는 소비자는 없을 것이다. 하지만 당연히 병원이 연상될 것이다. 그러면 된 것이다. 병원이 연상되기만 하면, 병원에서 쓰는 약처럼 과학적인 화장품으로만 느껴지기만 하면 성공인 것이다. 탁월한 네이밍 사례다.

하지만 더 의미가 있는 것은 클리니크가 네이밍으로만 목표인식을 가져오는데 그친 것이 아니란 점이다. 클리니크는 목표 인식인 '약처럼 과학적인 기능성 화장품'을 네임에는 물론 다른 브랜드 요소에도 적절히 담아냈다. 먼저 슬로건. 슬로건으로는 '알레르기 테스트 완료'

'인공향료 전혀 없음'을 사용한다. 약과도 같이 매우 신중하고 과학적으로 만들었다는 인식을 주려는 의도임이 명확히 드러난다. 동시에 디자인에도 목표인식을 명쾌하게 담았다. 비싼 가격의 화장품이지만 흔히 하듯 패키지에 검은색과 황금색을 쓰고 화려하게 만들어 프리미엄

브랜드임을 보여주겠다는 식의 접근은 아예 없다. 약처럼 보이게 패키지도 간결하게 디자인한다. 브랜드 네임도 인쇄체에 가깝게 워드마크로 디자인해 활용한다.

물론 용기도 스포이드나 스프레이 형태를 많이 사용하여 말 그대로 약의 느낌이 물씬 풍기게 만들었다. 여기에 결정적인 장치도 하나 더 곁들였다. 본인들의 범주를 화장품이 아닌 화장품과 관련된 아예 새로운 카테고리로 인식하게 만든 것이다. 클리니크는 그저 화장품이 아니라 화장품(Cosmetics)에 제약(Pharmaceutical)이 결합된 새로운 카테고리인 'Cosmeceutical' 혹은 'Cosmoceutical'이라고 스스로 정의했다. 목표인식인 브랜드 아이덴티티를 근본적인 브랜드 요소에 하나 하나 정밀하게 담아낸 모범사례라 아니할 수 없다.

여기에 하나 더. 클리니크는 매장도 화려하지 않게 꾸미고 매장에 있는 직원에게 가운을 입히고 피부 컨설팅을 하도록 시스템을 만들었다. 가운을 입었다고 아무도 그들을 의사나 간호사로 인지(認知, Cognition)하지는 않지만 소비자 모두는 그들을 마치 의사나 간호사인 것으로 지각(知覺, Perception)하게 된다. 최소한 의사나 간호사가 연상되기는 한다는 것이다. 접점도 이런 식으로 구성해 완벽한 목표인식의 굴레를 소비자에게 씌워 놓는 것이다.

네이밍으로 다 해결할 수는 없다

'이름은 존재의 집이다'라고 하이데거(Martin Heidegger)는 말했다. 네이밍의 기본을 직접적으로 드러내는 가르침이다. 브랜드 네임은 브랜드의 존재가치를 담는 그릇이 돼야 할 것이다.

브랜드 아이덴티티를 잘 담는 것이 중요하다는 얘기이다. 네이밍에서 제일 중요한 것은 목표인식을 잘 담아야하는 것이지만 직관적인 브랜드 네임을 도입하지 않는 한 이것은 쉽게 해결되지 않는 현실적인 한계도 있다. 관련해서 실무적으로 네이밍을 접할 때 잊지 않아야 할 몇 가지 포인트가 있다.

1. 이름으로 다 해결 못 한다.

첫 번째 포인트는 브랜드 아이덴티티를 담는 근본 요소 중에서도 가장 중요한 것이 네이밍이지만 브랜드 네임으로 다 해결하겠다는 과욕을 버려야 한다는 것이다.

브랜드 아이덴티티는 이후의 커뮤니케이션 활동을 통해서는 물론이고 네임에 디자인, 슬로건 등의 다른 브랜드 요소를 결합해 총체적으로 전달될 수 있다는 것을 고려해야 한다.

'이름 하나로 모든 것을 해결하겠다'는 식의 접근은 하지 말아야 한다는 것이다. 안 그러면 무리한 네임이 난무하게 된다.

2. 쓰임새에 따라 개발 방향을 다르게 하라.

두 번째 포인트는 브랜드의 수준에 따른 네이밍의 차별적인 접근이 필요하다는 것이다. 개발하는 브랜드 네임을 패밀리 브랜드 수준에서 쓸 것인지 개별 브랜드 수준에서 쓸 것인지 등에 따라 각각 다른 접근이 필요하게 된다. 브랜드의 위계수준(Brand Hierarchy)말하는 것이다. 여러 개별 브랜드를 묶어주는 역할을 하게 되는 패밀리 브랜드의 경우 상대적으로 포괄적인 연상이 가능한 네이밍을 도입하는 것이 기본 방향이 돼야 한다. 또한 개별 브랜드의 경우라면 상대적으로 폭이 좁더라도 명확한 연상이 가능한 방향으로 브랜드 네임을 개발해야 한다.

〈그림〉 브랜드의 위계수준
Brand Hierarchy

브랜드의 수준	예
1. 기업 브랜드 (corporate brand)	General Motors
2. 패밀리 브랜드 (family brand)	Chevrolet
3. 개별 브랜드 (individual brand)	Camero
4. 브랜드 수식어 (brand modifier)	Z28

3. 사내공모 하지 마라.

세 번째 포인트는 사내 공모로 네이밍을 해결하겠다는 망상을 버려야 한다는 점이다. 특히 등록을 통해 법적인 보호를 받아야 하는 브랜드 네임의 경우 사내 공모로 해결하려 해서는 안 된다. 우선 내부 임직원의 크리에이티브란 것이 내부에서 보기와는 다르게 그다지 수준 높지 않은 경우가 대부분이다. 제출되는 안들이 그다지 써먹을 만한 것이 없다는 얘기다. 거기에 우리나라의 상황이 겹쳐진다. 사안마다 약간의 편차는 있지만 기본적으로 우리나라는 '등록을 통한 법적 보호 획득'에 있어 까다로운 편이다.

예를 들어 보겠다. 통신사업 관련 'Hanafone'이란 브랜드가 있었다. 처음에 등록이 어렵다는 피드백을 받았다. 변별력이 떨어진다는 이유에서였다. 비슷한 이름이 이미 있어 안 된다는 것이다. 'Hanafone'과 유사하면서 이미 등록돼 있는 브랜드 네임은 'One-Phone'이었다. 'Hanafone'과 'One-Phone'이 비슷해 보인다고 생각할 사람은 많지 않을 것 같지만 "의미상 변별력이 떨어진다"는 것이 등록이 어려운 이유였다.

그만큼 쉽지 않다. 그러니까 내부 공모를 통해 괜찮은 네이밍 대안이 나오더라도 막상 등록하려고 하면 쉽지 않다는 얘기가 된다. 나오는 아이디어의 수준도 높지 않은데 그나마 나쁘지 않은 아이디어가 나오더라도 등록이 어려워 법적 보호를 못 받는 경우가 대부분이라면 굳이 사내 공모를 해야 할 이유는 없게 된다.

단 한 가지, 개발하려는 브랜드가 사내에서 미리 화제가 돼야 할 필요가 매우 클 경우라면 사내공모도 용서가 된다.

● 2Pac과 코반 그리고 존 레논
목표인식을 담는 브랜드 요소에는 네이밍 · 슬로건 · 디자인 등이 중요한 역할을 한다. 브랜드 요소를 적절히 활용한 독특한 몇 가지 사례이다.

#1. 사이먼 앤 가펑클의 노래로 잘 알려진 El condor pasa. 예전에는 뜬금없이 '철새는 날아가고'로 번역됐던 노래다. 원래는 라틴 아메리카(페루) 민속 음악이다. 노래에 담긴 내용은 비장하기까지 하다.

스페인 식민세력에 저항한 남미독립운동의 리더 뚜빡 아마루(케추아어로 '고귀한 용'이라는 뜻으로 잉카제국의 18대 황제)가 죽어서도 콘돌이 돼 나라를 지킨다는 비원이 담겨 있다.

뚜빡 아마루? 이 이름을 승계한 뮤지션이 있다. 투팍 아마루 샤커 (Tupac Amaru Shakur, 1971~1996), 바로 2Pac이다. 원주민의 저항정신을 기리는 뜻이었을 것이다. 저항정신을 잃지 않겠다는 본인의 지향점(즉 브랜드 아이덴티티)을 명확히 밝히려는 의도였을 것이다. 투팍은 래퍼 겸 배우였다. 그는 미국의 탑 영화배우였으며, 서부힙합의 왕이라고도 불렸다. 힙합계에서 에미넴(Eminem)과 더불어 가장 많은 앨범을 팔았다.

#2. 코반은 '교번(交番)'의 일본식 발음이다. '交대로 番을 서는' 것이니 파출소의 뜻과 딱 맞아 떨어진다고 해석된다. 요코하마의 한 파출소 정면 벽에 중국풍의 산수화가 붙어 있다.

생뚱맞다는 느낌이 들지만 이 미술품이 붙어있는 코반의 위치를 알고 나면 감탄이 절로 나게 된다. 이 그림이 붙어있는 코반은 요코하마의 차이나타운 입구에 있다. 요코하마 차이나타운은 동아시아에서도 가장 큰 곳으로 알려져 있고, 세계적으로도 대규모인 차이나타운 중 하나다.

음식점만 해도 200개 이상이 있으며 이곳을 찾는 사람들도 중국인보다도 일본인이나 유럽인이 훨씬 많다. 전체(주변)와 조화를 이루려는 세심함이 돋보이는 사례.

#3. 리버풀(Liverpool)은 축구팀과 비틀즈(Beatles)의 고향으로 유명한 도시다. 특히 비틀즈는 리버풀의 지속적인 수입원이기도 하다. 시내 곳곳 비틀즈와 관련 있는 곳이라면 어김없이 관광 상품으로 만들어 냈다. 비틀즈의 히트곡 '옐로 서브마린(Yellow Submarine)'은 조형물로 재탄생돼 리버풀을 찾는 비틀즈 팬들을 감동시킨다.

10여 년 전 리버풀은 공항의 이름을 가장 지적인 비틀즈 멤버인 존 레논(John Lennon)의 이름을 따서 '존 레논 공항'으로 명명했다. 존 레논의 얼굴이 브랜드 심볼이다. 리버풀 존 레논 공항은 브랜드 슬로건을

존 레논의 히트곡 이매진(Imagine)의 가사 한 구절을 따와서 쓰고 있다.

'소유가 없고 정부가 없고 또 강제하는 신이 없다면 우리 위에는 그저 파란 하늘만 있을 뿐'이라는 가사에서 따 온 것이다.

슬로건으로 브랜드의 방향성을 제시한다

브랜드 커뮤니케이션(즉, 브랜딩)의 목표는 '소비자들에게 우리 브랜드를 인식하는 방향을 제시해 어렵지 않게 의미를 받아들이게 하고 그 인식 방향대로 제품을 보게 돼 마침내 품질 인식에 까지도 영향을 주고자 하는 것'이다.

다른 사람의 행동을 평가하는 경우, 평가대상이 이러할 것이라는 정보를 미리 입수한 경우와 그렇지 않은 경우에는 같은 행동을 놓고도 평가의 내용이 크게 달라진다. 예를 들어 '이 사람은 참 명랑한 사람이다'라는 정보를 미리 가지고 있는 경우와 그렇지 못한 경우를 생각 해 보자. 그 사람이 농담을 할 때, 미리 정보를 가진 사람은 그 정보가 제공하는 방향성대로 '농담을 좋아하는 명랑한 사람'이라고 인식할 것이다. 반면 정보가 없는 사람은 '참 가볍고 못 믿을 사람'이라고 생각할 수 있다. 그래서 브랜드의 경우, 소비자들이 자신의 브랜드에 대해 '이렇게 생각해 주었으면…'하는 인식의 방향성을 광고 등의 커뮤니케이션 활동으로 표출하기 마련이다.

대부분의 경우, 브랜드의 방향성은 그 브랜드의 슬로건에 직접적으로 나타난다. 그러므로 브랜드 슬로건을 보면 그 브랜드가 소비자로부터 얻고자 하는 인식의 방향성을 알 수 있게 된다. 생각해주기 바라는 방향을 제시해 소비자들이 쉽게 우리 브랜드의 의미를 받아 들여 공감하게 되는 것 바로 브랜드의 생명력을 확보하는 것이다. 일단 공감이 일어나면 소비자들은 그 인식 방향대로 제품을 보게 된다. 브랜드의 핵심가치(목표인식, 브랜드 아이덴티티)를 쉽게 나타내어 소비자들로 하여금 그 브랜드의 의미를 바로 알아차릴 수 있게 하는 것이 브랜드 슬로건의 역할이 된다. 목표인식을 반영해야 하는 기본적인 요소 중에서도 가장 유용한 도구가 바로 슬로건이다. 그러니 그냥 카피라이팅 하는 것 아니다.

잘 만들었다는 정도를 넘어 명작이라고 불렸던 브랜드 슬로건으로 필립스의 그것이 있었다. 세계에서 기술 특허를 가장 많이 내는 전자제품 기업 중의 하나인 필립스는 기술 개발에 끊임없이 노력하는 기업으로 소비자들이 자신을 봐주길 원했다. 목표인식은 '무슨 종류이든 기술의 구현 수준이 다른 전자제품을 만드는 곳'이었다.

이런 방향대로 소비자가 자신들을 바라 봐 주길 원했던 필립스는 1995년 'Let's make things better'라는 슬로건으로 인식의 방향성을 제시했다. 이 슬로건은 특히 우리나라에서는 '작은 차이가 명품을 만듭니다'라는 절묘한 의역으로 더욱 빛을 발했다. 2005년부터 필립스는 'sense & simplicity'를 새로운 슬로건으로 도입 했으며 현재는 'innovation & you'를 슬로건으로 사용하고 있다.

태그라인의 힘을 적극 활용한다

　슬로건과 태그라인은 쉽게 혼동되는 개념이기도 하며 실제로 큰 구분 없이 사용되는 용어이기도 하다. 같은 말이 슬로건으로 또 태그라인으로 동일하게 쓰일 수도 있다.

　간단하게 구분한다면 브랜드의 방향성을 얘기하는 표어 형태의 글이 브랜드의 시각자극에 항상 붙어서 함께 제시되면 태그라인이다.

　그렇지 않은 모습으로 보여 지면 그것은 슬로건이 된다. 그러니까 슬로건은 슬로건이자 태그라인으로 동시에 쓰일 수 있지만, 태그라인이 항상 슬로건이 되는 것은 아니다.

　브랜드에 대한 인식의 방향성을 가장 잘 보여주는 것이 슬로건이다. 슬로건을 아예 브랜드의 시각자극과 함께 보여주어 소비자의 머리에 각인시키겠다는 전략적 의도에 의해 나온 것이 태그라인이다. 슬로건은 일반적으로 캠페인을 이끌어 가는 표어처럼 쓰이는 경우가 많다. 슬로건에는 브랜드 슬로건은 물론 광고 슬로건, 캠페인 슬로건 등 다양한 종류가 있게 된다.

　태그라인은 슬로건 중에서도 브랜드 슬로건을 브랜드의 시각자극(로고 등)과 함께 붙여 노출하는 것이다. 따라서 목표인식의 각인효과는 브랜드 슬로건을 아예 태그라인으로 만들어 활용하는 것이 당연히 훨씬 크게 된다. 대다수의 훌륭한 브랜드들이 브랜드 슬로건을 태그라인으로 적극적으로 활용하고 있음을 봐도 태그라인의 각인효과가 대단함을 짐작할 수 있다.

훌륭한 태그라인의 예로는 노키아가 자주 꼽힌다. 전성기의 노키아는 'Connecting People'을 자신의 브랜드 슬로건(로고와 함께 붙여 쓰므로 태그라인)으로 채택 했었다.

첨단기술이나 통화음질 같은 메이커 위주의 목소리를 강조하지 않았다. 자신들의 브랜드가 단순히 전화기가 아니라 '사람과 사람 사이를 이어주는' 매개체 역할을 하기를 지향한다는 브랜드 정신을 잘 표현하였다.

우리나라의 이른바 '그룹'과 비슷한 비즈니스 구조를 가지고 있는 미국기업인 제너럴 일렉트릭의 태그 라인은 교묘하기까지 했다. 생산하는 제품의 범주가 다양하고 또 GE브랜드를 함께 쓰는 회사들이 다양한 영역에 있다는 점을 감안해서인지 'We bring good things to life'라는 태그라인을 지속적으로 사용했다. "우리(GE브랜드를 함께 쓰는 여러 회사)는 이것저것 많이 만들어 내지만 그런 것 모두 삶에 도움이 되는 좋은 제품들"이라는 얘기를 하려 한 것이다. 중공업부터 파이낸스까지, 다양하면서 이질적인 영역을 동시에 포괄하는 핵심가치를 한 두 마디로 정리하

기는 어려웠을 것이다. 이후 GE는 'Imagination at work'를 새로운 태그라인으로 사용하기 시작했다. 사업구조가 좀 더 단순화되면서 생긴 변화이며 동시에 이전과는 달리 좀 더 소비자 중심의 시각으로 GE가 변화했다는 증거도 될 것이다.

VOLVO
for life

안전을 브랜드의 궁극적인 가치로 전달하는 볼보(Volvo)의 경우, 그러한 지향점을 슬로건으로는 썼어도 태그라인으로 사용하지는 않고 있었다. 90년대 초반, BMW와의 본격 경쟁을 선언하고 볼보는 'High Performance'를 내세운 적이 있다.

BMW는 자동차의 본질적 쾌감인 드라이빙(Driving)을 대표하는 브랜드로 자리 잡고자 노력해 왔고 이미 오래 전부터 'The Ultimate Driving Machine'라는 태그라인을 사용해 왔다. 사실상 BMW가 하고 싶은 말은 "차에 대해 이러쿵 저러쿵 말이 많지만, 진정한 차의 가치는 운전에 있고 그 가치를 궁극적으로 실현하는 브랜드는 우리다"라는 얘기다. 운전의 즐거움을 주는 브랜드는 BMW 밖에 없다는 얘기를 하려는 것이다.

BMW는 진정한 드라이빙 머신이기에 운전자에게는 운전의 즐거움을 준다는 의미로 현재는 'Sheer Driving Pleasure'를 태그라인으로 쓰고 있다.

목표인식을 바꾸고 다른 이야기를 하려다가 큰 고난을 겪은 볼보는

90년 대 중반 이후 다시 '안전'으로 목표 인식을 집중했다.

크게 혼이 나서였을까 이후 볼보는 그들의 브랜드 역사상 처음으로 태그라인을 도입했다. 아예 대놓고 안전을 강조하는 직관적인 슬로건 문구와 함께. 바로 'Volvo for life'이다.

The Ultimate
Driving Machine

Sheer
Driving Pleasure

브랜드에 대한 생각법 7

미션을 슬로건에 담아, 브랜드약속을 천명한다

미션은 브랜드 존재의 의미이고 지향점이다. 무슨 역할을 하고 어떤 의미를 주느냐는 것이 브랜드가 소비자에게 주는 가치가 된다. 궁극적으로는 브랜드가 세상에 있어야 하는 존재이유가 된다. 이것이 브랜드 미션이다.

흔히 '미션으로 마케팅 하라'는 말을 많이 한다. 미션으로 마케팅 하는 것, 이것 또한 브랜딩이다. 목표인식이 쉽게 떠오르도록 제품을 비롯한 모든 접점에서 '우리는 브랜드 아이덴티티를 이렇게 반영한다'는 기업의 각오를 밝힌 것이 바로 브랜드 미션이다. 따라서 미션은 브랜드 아이덴티티의 적극적인 형태가 되게 마련이다. 물론 이때의 미션은 소비자 관점으로 정리된 미션이어야 한다.

소비자 관점의 미션은 받아들이는 소비자에게는 그 브랜드의 철학이 된다. 의미가 담긴 철학으로 받아들여져야 비로소 소비자에게 가치가 있는 브랜드로 인식되는 것이다. 브랜드 미션을 슬로건에 담는다는 것은 우리 브랜드의 철학(태도, 신념)을 공표한다는 말이다. 미션을 슬로건에 담으면 그때부터 그 슬로건은 브랜드가 지켜야 할 약속이 된다.

사람들은 태도(신념)와 행동의 일관성을 유지하려는 성향이 있다. 일단 태도를 표명하면 행동도 거기에 따르려하는 경향성이 있다. 국회에서 증인선서를 거부한 증인들이 있었다. 일단 '진실만을 말하겠다'고 입장을 표명하면 나도 모르게 거기에 따라 행동할까봐 두려워서 그랬을 것이다.

미션을 커뮤니케이션의 중심에 두게 되면 기업의 입장에서는 또 다른 이익이 생기게 된다. 단순히 제품을 파는 것이 아니라 미션을 수행하고 있음을 공식적으로 천명하게 되면 기업 내부의 추가적인 투자 없이도 회사의 모든 노력이 통합돼 미션 수행에 집중하게 되는 효과도 노려 볼 수 있게 되는 것이다. 미션 천명이 주는 선순환 구조가 생길 수 있게 되는 것이다. '미션을 커뮤니케이션의 중심에 두는' 가장 쉬운 방법은 미션을 슬로건으로 대놓고 활용하는 것이다. 또 그것을 아예 태그라인으로 못 박아 두는 것이다.

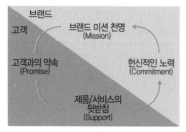

〈그림〉 미션 천명의 선순환 구조

레블론(Revlon)은 'We sell cosmetics'가 아니라 'We sell hope'를 브랜드 미션으로 설정하고 그것을 바로 슬로건에 쓰고 있다. 레블론의 창업자인 찰스 레브슨(Charles Revson)은 항상 "공장에서 우리는 화장품을 만들지만 가게에서 우리는 희망을 판다"라고 강조했었다. 그러기에 레블론은 희망을 판다.

REVLON®

화장품이라는 상품을 파는 것이 아니라 화장품이 고객에게 주는 의미, '예뻐진다는' 또 '아름다워 보일 수 있다는' 희망과 기대를 판다는 것이 자신들의 존재이유란 것이다.

브랜드의 존재이유를 소비자 관점으로 정리해 놓았기에 레블론은 브랜드의 초점을 잃지 않으면서 사업이 다각화될 수 있는 'Focused Diversity (초점을 잃지 않은 다각화)' 혜택을 누릴 수 있게 됐다.

'화장품'을 파는 것이 미션이라면 레블론은 좋은 화장품을 팔아야 한다. 그것이 존재의 의미이기 때문에. 그런데 레블론은 '희망'을 파는 것을 브랜드의 미션으로 설정해 놓았다.

생각해 보자. 여성에게 희망을 주기 위해 여성 소비자에게 권할 수 있는 제품은 반드시 화장품만으로 국한되지는 않을 것이다. 아름다워진다는 희망을 줄 수 있는 제품이라면 레블론은 무엇이라도 소비자에게 팔 수 있게 된다.

03

브랜드,
이야기로 역전할 수 있다

"인생은 누가 더 대단한 이야기를 가지고 있는가의 싸움이다"라고 톰 피터스(Tom Peters, 『초우량기업의 조건』 저자)는 말했다. 브랜드도 마찬가지다. 사람의 인생과 마찬가지로 브랜드도 결국에는 '어떤 브랜드가 더 대단한 이야기를 가지고 있는가'의 싸움이 된다.

이야기 싸움이니까 이야기를 가장 먼저 시작한 브랜드가 유리할 것이다. 역사성에서 앞서는 브랜드 즉 업계에서 최초로 등장한 브랜드가 유리하다는 얘기다.

아무래도 이야기를 가장 먼저 시작했으니 이야깃거리도 최초의 자리를 차지하고 있던 시간 그 만큼에 비례해 많아지게 될 터이니 말이다. 늦게 진입한 브랜드라면 많이 불리하다. 후발 브랜드라면 선발들보다 훨씬 큰 이야깃거리를 꾸준히 제공해야 겨우 역사성에서의 열세를 만회할 수 있을 테니 말이다. 이것이 바로 이야기로서의 브랜드의 두 축인 '히스토리'와 '스토리'이다.

Top of Mind, 그 위력의 비밀

'이동통신'하면 어디가 제일 먼저 떠오르는가? '김치냉장고'하면? '조미료'하면? 또 '아파트'하면? 아마도 떠올리는 브랜드는 다들 다르지 않을 것이다.

우리가 특정 제품군별로 브랜드를 떠 올릴 때 제일 먼저 떠올려지는 것을 'Top of Mind'라 한다. 카테고리에서 가장 먼저 떠오르는 브랜드, 특정 제품군의 대표로 여겨지는 힘을 가진 브랜드이다. 나이 드신 분들은 조미료를 샀다고 하지 않고 그냥 미원 샀다고 말씀하기도 한다.

Top of Mind를 차지하는 브랜드들은 어떤 공통점이 있는가? 이동통신, 김치냉장고, 아파트 카테고리에서 제일 먼저 떠오르는 브랜드들의 특징은 무엇인가? 해당 제품군에서 최초로 등장했거나 해당 제품군 자체를 아예 만들었다는 것이 공통점이다. '최초진입자(First Mover)'란 얘기다.

이동통신 카테고리에서 Top of Mind를 장악하고 있는 SK텔레콤을 예로 들어보자. SK텔레콤이라는 브랜드가 가지는 힘은 도대체 어디에서 온 것일까? 품질이나 광고 등의 요인도 분명 작용했겠지만 근본적인 원인을 말하라면 나는 이렇게 말하고 싶다.

"SK텔레콤을 파워 브랜드로 만들어 낸 힘"의 본질은 단언컨대 '처음'의 힘이라고 말이다.

특정 카테고리에 처음으로 진입한 '최초 진입자'의 프리미엄이 본질적인 이유라고 나는 확신한다. 그렇다면 처음으로 시장에 등장한 브랜드가 누리는 최초진입자 프리미엄은 어째서 그다지도 강력한 것일까? 단지 오래 됐다는 것이 이유의 전부일까?

첫사랑을 못 잊는 마음 – 최초진입자 프리미엄

최초진입자의 프리미엄이라는 것은 우리가 첫사랑을 쉽게 잊지 못하는 경향에 비유하면 설명이 쉽게 된다. 최초진입자를 바라보는 우리의 생각이 첫사랑을 쉽게 잊지 못 하는 이유와 거의 비슷하기 때문이다. 사랑이라는 감정에 마음이 들떠있던 그 시절을 회상해보자. 아련한 그리움과 혼동하지 않는다면 보통의 경우 첫사랑이란 것은 유년기 이후에 생기기 마련이다. 사실 유년기에는 사랑이라는 추상적인 단어에 대해 구체적인 개념이 형성돼 있지 못 하기 쉽다. 사랑이라는 말에 대한 개념이 구체적이지 않던 유년기를 보내다가 문득 특정 이성을 향한 들뜬 마음과 그리움이 생기면 그 때 우리는 '사랑'이라는 카테고리를 비로소 마음속에 만들고 그 대상을 사랑이라는 카테고리에 처음 담게 되기 마련이다.

사랑이라는 새로운 카테고리에 처음으로 들어 온 사람 즉 최초진입자가 바로 그 첫사랑의 대상이 되는 것이다. 그 최초진입자가 내게 했던 말, 보여 줬던 모습 그 모든 경험은 우리에게는 무척 인상적인 것이 된다. 처음이기에 그렇기도 하지만 최초진입자가 우리에게 준 경험이 위력적인 이유는 그 경험이 우리의 의지와는 상관없이 이후에 생기는 다른 모든 경험을 판단하는 기준이 되기 때문이다. '사랑'이라는 카테고리가 생기면서 처음 들어 온 사람이니 이후 많은 사람이 그 카테고리에 들어와도 처음 사람은 쉽사리 잊혀지지 않게 되는 법이다. 최초진입자가 취했던 행동이 기준이 돼버렸기 때문에 후발주자의 행동 하나 하나에도 최초진입자를 떠올리면서 나도 모르게 비교하게 되기 때문인 것이다.

이렇듯 무릇 파워 브랜드가 되기 위해서는 특정 카테고리에서 최초로 진입하는 것이 매우 유리하다. 동시에 소비자들의 머리속에서도 최초로 진입한 브랜드로 자리매김 돼야 한다. 그리하여 그 이후 진입하는 브랜드를 판단 할 때 무의식적으로 비교의 기준이 되는 브랜드가 돼야 하는 것이다. 이것이 바로 브랜드의 '히스토리'이다. 최초이거나 적어도 최초라고 인식돼야 힘 있는 브랜드가 될 가능성이 커지는 것이다.

2015년 8월 동아닷컴에는 '한국의 장수브랜드 10'이라는 제목의 기사가 실렸다. 활명수, 새우깡을 비롯한 한국의 롱런브랜드에 대한 기사였다. 기사는 장수브랜드는 '새 시장을 여는 창조제품'이며 '정체성을 지키면서도 혁신을 게을리 하지 않았다'는 공통점이 있다고 말한다. (http://news.donga.com/3/01/20150807/72918596/1)

〈그림〉 한국의 장수브랜드 10

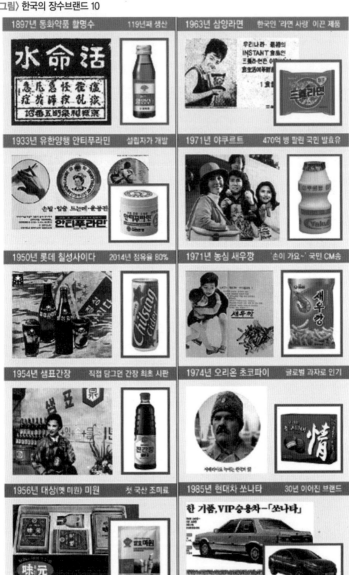

1897년 동화약품 활명수	119년째 생산
1963년 삼양라면	한국인 '라면 사랑' 이끈 제품
1933년 유한양행 안티푸라민	설립자가 개발
1971년 야쿠르트	470억 병 팔린 국민 발효유
1950년 롯데 칠성사이다	2014년 점유율 80%
1971년 농심 새우깡	'손이 가요~' 국민 CM송
1954년 샘표간장	직접 담그던 간장 최초 시판
1974년 오리온 초코파이	글로벌 과자로 인기
1956년 대상(옛 미원) 미원	첫 국산 조미료
1985년 현대차 쏘나타	30년 이어진 브랜드

214 • 마케터의 생각법

맞는 말이다. 한 번 잘 살펴보라. 이 중에 최초진입자가 아닌 브랜드는 몇 개나 있는가? 최초 진입 브랜드의 프리미엄이 여실히 드러나 보이지 않는가?

브랜드에 대한 생각법 8
후발브랜드는 스토리로 승부해야 한다

어찌 보면 선발주자는 사람들이 크게 관심을 가지지 않던 영역에서 먼저 많은 노력을 기울인 브랜드라고 봐도 될 것이다. 카테고리를 홀로 개척해야 했으므로 그만큼 큰 위험부담을 감내한 용감한 브랜드인 것이다. 따라서 우월적 지위를 누릴만 한 충분한 이유를 가진다고 볼 수 있다.

선발주자가 마땅히 누릴 수 있는 혜택을 부인하는 것은 아니지만 한 번 이렇게도 생각해 볼 수 있지 않을까? '누군들 최초진입자가 되고 싶지 않아서 후발주자가 되는 것인가?'라고 말이다. 후발주자가 반드시 선발주자보다 못 나서 후발주자가 된 것은 아닐 것이다. 최초진입자의 노고는 치하하고 싶으나 만일 최초진입자가 아니라서 즉 후발주자이기 때문에 영영 기회가 없다면 그것도 억울한 일일 것이다.

선발주자의 프리미엄은 프리미엄일 뿐이다. 프리미엄은 '반드시 그렇게 되고야 마는 법칙'과는 다른 것이다. 프리미엄은 조금 유리하다는 의미이지 최초진입자라고 해서 자자손손 늘 1등을 하게 돼 있는 '법칙'은 아니라는 말이다. 따라서 시작은 비록 늦었어도 후발주자가 최초진입자를 앞설 수 있는 방법은 분명 있다.

후발주자의 꿈은 무엇이겠는가? 히스토리에서 앞서는 선발주자를 따라 잡고 자신이 선두로 나서는 것 아닌가? 후발주자의 꿈을 이루기 위해 완전히 시장구도를 바꾸고 싶다면, 즉 히스토리에서는 딸리지만 선두 브랜드가 되고 싶다면 어떻게 하는 것이 좋을까?

후발주자가 택해야만 하는 전략방향은 '스토리의 양과 질에서의 압도'가 돼야만 한다.

'Life is not the amount of breaths you take, it's the moments that take your breath away.'

'인생이란 당신이 숨 쉬어온 모든 날들이 아니라 당신의 숨이 멎을 것 같았던 순간들의 합이다'라는 얘기다. 영화 『히치(Hitch, 2005)』에 나오는 대사다. 그렇다. 인생은 히스토리가 아니라 스토리다. 브랜드도 그렇다.

최초진입자의 프리미엄은 첫사랑을 못 잊는 것과 유사하게 작용한다고 했다. 어떤 스토리를 전달해야 첫사랑을 잊게 할 수 있을까? 히스토리에서 앞서는 선발주자를 잊게 하기 위해서는 크게 울림이 없는 스토리를 전달해서는 효과가 없다. 후발 주자가 소비자에게 브랜드의 스토리를 전달하려 할 때의 기본 원칙은 판단기준 자체를 흔들어 버릴 수 있도록 예상치 못 한 스토리를 제공해야 한다는 것이다.

소비자의 예상을 뛰어 넘는 용감한 변화의 제안만이 소비자의 마음을 흔드는 브랜드의 스토리가 되는 것이다.

소비자의 예상을 뛰어 넘는 이야깃거리를 브랜드가 제공한다면 그런 브랜드는 소비자에게는 어떻게 비춰지겠는가? 그동안 봐왔던 관행과는 다른 모습을 보여주는 그래서 기대를 뛰어 넘는 브랜드라면 소비자에게는 '정말로 새로운' 브랜드, 즉 '혁신적인 브랜드'로 보이게 될 것이다.

이런 식이다. 이메일 서비스를 무료로 제공하는 한 포털이 경쟁 포털과는 다르게 최초로 이메일 용량을 10Mb에서 20Mb로 늘렸다. 그러자 한 경쟁사가 여기에 대한 대응으로 30Mb를 제공했다. 그래도 소비자는 20Mb를 최초로 제공한 기업을 더 혁신적이라고 여기게 돼 있다. '처음'의 힘이다.

만약 제3의 업체가 무료 이메일 용량을 100Mb로 키우고 추가적으로 저장공간도 100Mb를 제공했다고 치자. 이 업체는 히스토리에서 앞선 리더 기업으로부터 상당수의 고객을 빼앗아 올 수 있을 것이다. '예상을 뛰어 넘는 스토리'를 제공했으니까. 예상을 뛰어 넘는 스토리? 혁신적인 브랜드란 말이다.

● 스토리로 히스토리를 이겨 나가는 현대자동차

포르쉐, 폭스바겐, BMW, 아우디, 벤츠, 도요타, 닛산, 혼다, 포드, 크라이슬러, 랜드로버 등도 모두 자체 뮤지엄을 가지고 있다. 자신들의 히스토리를 적극 활용하고 있는 선발 브랜드들이다.

자동차업계는 브랜드의 히스토리를 적극적으로 활용한다. 그래서 이른바 헤리티지 마케팅이 일상화되어 있는 분야이다. 2022년 7월 15

일, 현대 N Day에서는 수소전지 기반 모터스포츠 지향 컨셉트카 'N 비전 74'가 소개됐다. 유튜브로 공개한 영상의 조회수는 폭발적이었다. 공식 영상의 댓글은 외국인들의 찬사로 넘쳐났다. 각국의 자동차 전문가들도 N 비전 74를 집중 조명했다. 오히려 국내의 반응이 상대적으로 미지근했다. 우리나라 브랜드가 이 정도의 열광적인 반응을 이끌어낸 것은 전대미문의 사건이다.

물론 공개된 모델은 콘셉트카이기에 현재 디자인 그대로 양산까지 이어질지는 확신할 수 없다.

그래도 비슷하게는 나올 것이다. 이 정도의 뜨거운 반응을 받은 디자인 자체를 크게 바꾸기는 어려울 것이기에.

사람들이 즉각적으로 매료된 것은 1985년에 나온 영화『백 투 더 퓨처』에 나왔던 자동차 때문이었다. 『백 투 더 퓨처』는 단순히 오래된 영화가 아니다. 현재도 뮤지컬로 재해석되어 브로드웨이에서 꾸준히 사람들을 불러 모으는 매력적인 콘텐츠다. 영화에 나왔던 타임머신의 기능을 하는 자동차가 DMC의 들로리안(Delorean)이다. N 비전 74가 그 차를 떠올리게 하기에 사람들은 즉각적으로 열광했다. 필자를 포함해 백 투 더 퓨처를 본 사람들에게는 향수와 함께 즉각적인 흥분을 만들어내는 모습이기 때문이다.

뉴트로(Newtro)는 뉴(New)+레트로(Retro)의 합성어로, 과거의 전통을 그리워하고 옛날의 익숙했던 것을 되찾으려 하지만 그대로 복원하는 것이 아니라 현대적으로 재해석하는 것이다. N 비전 74 콘셉트카는 뉴트로 디자인의 정석이다. N 비전 74의 디자인이 『백 투 더 퓨처』에 등장한 들로리안을 닮은 것에는 그럴만한 이유가 있음도 알려졌다.

N 비전 74의 디자인은 1974년 현대차의 콘셉트카였던 포니 쿠페에서 영감을 받았기 때문이다. 최초의 국산 자동차 포니는 1975년에 세단과 해치백으로 출시되었으나 원래 포니의 콘셉트카는 쿠페였다.

포니 쿠페는 카로체리아 이탈디자인의 그 유명한 조르제토 주지아로가 디자인했다. 그는 사장된 콘셉트카의 디자인을 들로리안에 적용했고 "영감을 받았다"라는 표현으로 공식적으로 인정하고 있다.

N 비전 74의 '74'는 포니 쿠페 콘셉트카를 만들었던 1974년을 기리는 것이다. 사람들은 이제 알게 되었다. N 비전 74라는 브랜드가 무슨 의미인지, 들로리안과는 어떻게 연결되는지 그리고 현대자동차의 기술력이 어느 정도까지 왔는지를.

N 비전 74는 수소 하이브리드 고성능차다. 배터리를 교체하지 않는 한 몇 시간씩 기다려야 하는 전기차보다 훨씬 모터스포츠에 가까운 운용이 가능하다는 점이 부각되면서 현대차의 기술력에도 사람들

은 주목하게 됐다. 그리고 1974년에 이런 대담한 디자인을 준비했던 현대차의 역사까지도 받아들이게 된 것이다.

2021년에 현대기아차는 미국 시장에서 혼다를 제치고 판매 5위에 올랐다. 미국 수출 35년 만에 이룩한 위업이다.

기술혁신만이 놀라운 스토리는 아니다

"그 장난감으로 우리가 할 수 있는 게 뭐요?" 1876년 그레이엄 벨(Alexander Graham Bell)이 전선을 통해 사람의 음성을 전송할 수 있는 방법을 발명했다. 당시 세계 최고의 통신회사는 웨스턴 유니언(Western Union)이었다. 이 회사는 벨의 발명품을 장난감이라고 불렀다. 웨스턴 유니언의 오톤(William Orton) 사장은 전화기에 대한 특허 인수 제안을 당연히 거절했다. 그리고 이 회사는 결국 35년 뒤 AT&T에 인수된다.

이 얘기는 경영진의 판단 착오나 변화를 받아들이지 못 하는 태도를 언급할 때 자주 거론된다. 이처럼 비연속적·파괴적 혁신은 종종 그 중요성이 초기에는 무시되기도 한다. 기술기반이 너무나 달라 보이기 때문이다. 아마 워크맨을 담당하던 브랜드 매니저도 MP3플레이어가 자신들을 몰락시킬 것이라고 생각하지는 못 했을 것이다. 이미 자신의 브랜드를 사랑해 주는 수많은 우량고객의 소리만을 들어도 수익을 올릴 수 있다 보니 충분히 그럴 수 있을 것이라 짐작된다.

이런 사례는 비일비재하다. 예를 들어 할인점에 무릎을 꿇은 백화점 시어스(Sears), 미니컴퓨터의 출현을 간과해 메인프레임 컴퓨터 시장에서 밀려난 IBM, 트랜지스터의 등장에 제대로 대응하지 못한 진공관 업체 등이 대표적일 것이다.

오해는 하지 않도록 하자. 소비자의 기대를 뛰어 넘는 '브랜드의 스토리 제공'은 비연속적 · 파괴적 혁신에 해당한다. 하지만 혁신 개념에만 초점을 맞추다 보면 무의식적으로 기술적 측면만 생각하게 되는 오해를 저지르기 쉽게 된다. 혁신의 사례가 주로 기술 혁신에 초점이 맞춰져 있고 우리도 무의식적으로 그 틀에서 생각하기 때문이리라.

브랜드의 스토리를 기술 측면의 혁신으로만 생각하다가는 후발 브랜드가 스토리를 제공하려면 후발 브랜드 모두가 선발 브랜드와는 완전히 다른 새로운 기술상의 혁신을 이뤄야만 된다는 것으로 오해할 수도 있다.

그렇지 않다. 소비자의 기대를 뛰어 넘는 혁신에는 기술혁신만 있는 것은 절대 아니다.

● 후발 브랜드의 역사적인 역전 사례

미국에서 시작된 할인점 브랜드에 대해 살펴보자. 월마트(Walmart)는 1945년 벤 프랭클린(Ben Franklin)이라는 잡화점 체인에서 시작돼 1972년까지 30개의 할인점을 갖고 있는 작은 규모의 유통업체였다.

당시 시장의 1위는 K마트였다. K마트는 미국의 중대형 도시에 있는 쇼핑지역에 대규모 매장을 건설하는 출점전략을 채택함으로써 미국 최대 규모의 할인점이 됐다.

후발주자인 월마트는 어떻게 했는가? 월마트는 경쟁자들을 피해 인구 5,000~2만5,000명의 소규모 도시 중심으로 매장을 만들어 가면서 사업을 조금씩 확대했다. 경쟁자의 입장에서는 월마트가 들어간 시장에 들어갔다가는 수익성을 맞추기가 어려웠을 것이다.

소규모 도시에서 확고한 입지를 굳힌 월마트는 대도시로 진출했고 대도시에서 포화상태를 맞은 K마트는 중소도시로 확장을 꾀했다. 그러나 월마트가 장악한 그곳에서 맥을 못 추게 됐다. 20년이 지난 1990년대에 들어서는 어떻게 되었는가? 월마트는 K마트는 물론 백화점 시어스를 앞지르는 미국 최대의 유통업체가 됐다.

이 사례에서 기술적 혁신의 자취를 찾아보기는 어렵다. 남다른 출점전략도 비연속적인 혁신이다. 소비자의 예상을 뛰어 넘는 브랜드의 '스토리 제공'이 되는 것이다.

우리나라의 예를 들어 보자. 1990년대 중반까지만 해도 아파트하면 뭐라 해도 '현대아파트'였다. 현대, 대우 등에 비해 사실 삼성아파트의 위상은 그다지 강력하지는 못했던 것이 사실이었다.

지금은 어떤가? 삼성아파트 그러니까 '래미안'이 아파트 시장에서의 최고 강자가 아닌가? 건설하면 '현대'임에도 아파트는 이제 삼성이 앞서고 있다. 적어도 인식상으로는 확실히 그렇다.

히스토리에서 뒤떨어지는 후발주자인 삼성은 어떤 브랜드의 스토리로 시장 구도를 재편했던가?

삼성은 근본적인 소통의 방법을 달리했다. 모두들 '현대' '대우'이런 식으로 기업명에 만족하고 있을 때 삼성은 '래미안'이라는 별도의 브랜드를 최초로 도입했던 것이다. 브랜드를 도입하고 커뮤니케이션 했다는 것 자체가 소비자에게는 예상을 뛰어 넘는 스토리로 다가갔다.

비연속적·파괴적 혁신이지만 기술적인 측면의 혁신도 분명 아니었다. 이렇듯 소비자의 기대를 뛰어 넘는 스토리의 제공으로 선발 브랜드의 히스토리를 압도하는 비연속적·파괴적 혁신이 반드시 기술 혁신만을 의미하지는 않는다. 오히려 기회는 우리가 경쟁과 제품 등 브랜드를 둘러 싼 다양한 측면을 얼마나 통찰력을 가지고 바라보고 있는 것과 밀접하게 관련돼 있다.

04
궁극의 브랜딩은
'언행일치'

목표 인식을 명확히 정립하고 브랜드를 둘러 싼 많은 요소에서 소비자들이 기업이 의도한 목표 인식을 제대로 느끼고 공감하도록 만드는 것이 바로 브랜딩이다. 따라서 일반적인 브랜딩에 있어서 브랜딩의 두 가지 요소는 아이덴티티와 이미지가 된다. 예전에는 브랜딩에서 가장 중요한 고려사항은 목표인식인 아이덴티티를 '어떤 커뮤니케이션 방법으로 전달하면 소비자가 이미지로 잘 받아들일 것인가'였다.

트렌드나 시대감성에 어울리는 멋있는 아이덴티티를 잘 뽑아내고 그것을 세련된 광고로 전하겠다는 접근이 일반적이었다는 것이다.

브랜딩에 관심이 있는 기업이라면 멋있는 목표인식을 설정하고 상당한 매체비용을 쓰는 광고로 목표인식을 이미지로 전환시키려 노력해 왔다. 일정 정도 이런 노력은 보답을 받기도 했다. 이러다보니 브랜딩 혹은 브랜드 커뮤니케이션을 '세련된 광고전략'이라 착각하는 경우도 왕왕 있게 됐다. 외부 커뮤니케이션 중심의 브랜딩이 대세였다는 것이다. '진정성'이 부각되기 전까지는.

브랜드에 대한 생각법 10

브랜드 실체(Reality)가 결국 승부처이다

브랜드 아이덴티티를 매력적으로 포장한 광고를 보고 소비자가 그 제품을 구매했다고 해보자. 소비자는 그 브랜드가 주장하는 목표인식(아이덴티티)을 간접적으로 경험하고 그 경험을 토대로 구매를 한 것이다. 그런데 만일 그 제품이 광고에서 주장하던 아이덴티티와 너무도 동떨어진 성능을 보인다면 소비자는 어떤 반응을 보일까? '속았다.' 이 한 마디 아닐까?

〈그림〉 진심이 담긴 브랜딩(Authentic Branding)

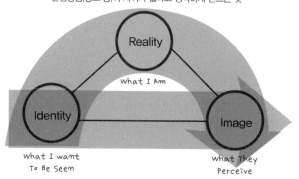

브랜드 아이덴티티를 모든 접점에서 직·간접 경험하게 하는 것
– 아이덴티티를 실체에 제대로 반영하여 소비자의 직접 경험과
간접경험(광고 등)이 차이가 없다고 생각하게 만드는 것

'내구성'이 브랜드 아이덴티티라고 멋있게 광고하는 브랜드의 제품을 샀는데 오히려 쉽게 망가지더라는 직접적인 경험을 한 소비자의 배신감은 소셜 미디어를 타고 다른 소비자에게까지 널리 전파될 수도 있을 것이다.

어떤 기업이 '인간 중심'이 자신들의 핵심가치(지향하는 브랜드 아이덴티티)라고 얘기하는 설득력 있는 기업브랜드 광고를 집행했다고 치자. 소비자가 그 기업의 제품을 샀는데 제품성능은 만족스러웠다고 치자. 그런데 얼마 지나지 않아 '인간 중심'을 그토록 외쳤던 그 기업이 종업원과 협력업체를 가혹할 정도로 비인간적으로 다루고 있었음을 알게 된다면 소비자는 어떻게 반응할까? 일부는 '제품은 좋잖아?'라고 하며 계속 그 기업의 제품을 사겠지만 또 다른 일부 소비자는 '이왕이면 다른 기업의 제품을 앞으로는 사야겠다'라고 결심하지 않을까?

'사회적으로 참여하는 소비자'라면 더 크게 분노를 표출하고 또 공유하려고 할 것이다. 소비자 한 명의 브랜드에 대한 직접경험이 다수 소비자에게 간접경험으로 전달되고 공유되는 '정보주권의 재편성' 시대임을 고려하면 목표인식(브랜드 아이덴티티)을 광고로 잘 풀어서 전달하는 예전의 브랜드 커뮤니케이션은 브랜딩의 완성이 결코 아니다. 진심이 담긴 브랜딩은 소비자의 간접경험(대표적으로 광고 등)뿐 아니라 소비자의 브랜드에 대한 직접경험(제품, 판매 현장, 종업원과의 접촉 등)에서도 브랜드 아이덴티티를 경험할 수 있게 하는 것이다.

진정한 브랜드 커뮤니케이션은 '브랜드 아이덴티티를 모든 접점에서 직·간접 경험하게 하는 것'이다. 따라서 직접경험을 일으키는 요소인 브랜드 실체(Brand Reality)에 목표인식(Brand Identity)을 철저히 반영하는 것에서 진정성 있는 브랜딩은 시작된다. 간접경험과 배치되지 않는 직접경험을 만들어야 하는 것이다.

● 똑같은 아이덴티티, 전혀 다른 결과

'전자제품을 쉽고 즐겁게 사는 곳(Making it easy for customers to shop, buy and enjoy electronic products)'을 똑같이 약속한 서킷 시티(Circuit City)와 베스트 바이(Best Buy)의 엇갈린 명암에서 우리는 간단하지만 강렬한 교훈을 얻을 수 있다.

그 둘은 광고도 서로 비슷했다. 광고에서는 항상 '전자제품을 쉽고 즐겁게 사는 곳'이라고 얘기하며 똑같은 간접경험을 둘 다 소비자에게 제공했다.

전자제품 양판점의 제품구성이야 크게 차이가 없을 것이고 판매되

〈그림〉 진심이 담긴 브랜딩의 실패와 성공

같은 브랜드 아이덴티티(전자제품을 쉽고 즐겁게 사는 곳)에
크게 다르지 않은 광고를 집행하였으나 브랜드 실체에 아이덴티티를
반영하지 않아 실패한 서킷 시티(좌)와 브랜드 실체에서 아이덴티티를
경험할 수 있도록 하여 성공을 거둔 베스트 바이

는 제품의 성능이야 제조기업의 문제이지 판매처의 문제는 아니다.

광고 똑같고, 제품 똑같은데 왜 서킷시티는 실패하고 베스트 바이는 성공했는가? 브랜드 아이덴티티를 브랜드 실체에서 직접 경험할 수 있었느냐의 여부가 성패를 갈랐던 것이다.

서킷 시티는 유통업의 특성상 비용절감에 주목했고 인건비를 절약하기 위해 미숙련 서비스 인력을 활용하였다. 숙련도가 떨어지는 직원들의 고객 대응은 항상 조금씩 늦기 마련이었고 결국 '전자제품을 쉽고 즐겁게 사는 곳'이 되지 못 했던 것이다. 브랜드의 간접경험과는 상반된 직접경험을 제공했던 것이다.

베스트 바이는 달랐다. 그들은 심지어 긱 스쿼드(Geek Squad)를 만들어 전진 배치했다. 긱(Geek)은 기계에 정통한 괴짜를 뜻하는 속어다. 젊은이들의 표현대로 한다면 긱은 '기계 덕후' 쯤에 해당할 것이다. 이들은 원래 기계에 미친 사람들이다. 지식수준 또한 기계에 대해서만큼은 매우 높은 재미있는 사람들이다. 이들과 얘기하면서 전자제품을 살 수 있다고 생각해보자. 말 그대로 '쉽고 즐겁게' 살 수 있게 된다.

베스트 바이는 이런 사람들을 아예 정규 직원으로 채용하고 배치했다. 거기에 전자제품을 직접 체험할 수 있는 공간(Experience Zone)을 설치해 소비자가 그 체험을 바탕으로 의사결정을 쉽게 할 수 있게 만들었다.

'전자제품을 쉽고 즐겁게 사는 곳'이라는 브랜드 아이덴티티를 광고를 통해서만 전달하는 것이 아니라 브랜드 실체에 명확히 반영하는 직접경험 중심의 진정한 브랜드 커뮤니케이션을 통해 베스트 바이는 큰 성공을 거두고 있다.

진심이 담긴 브랜딩이 강력한 브랜드를 만든다

진심이 담긴 브랜딩(Authentic Branding)은 소비자의 브랜드에 대한 간접경험(대표적으로 광고 등)만을 통해 브랜드 아이덴티티를 전달하려는 관행을 벗어나 소비자가 브랜드에 대한 직접경험(제품, 판매 현장, 종업원과의 접촉 등)에서 브랜드 아이덴티티를 확실히 느낄 수 있도록 하려는 노력이다. 멋진 비주얼로 무장한 황홀한 광고로 소비자를 유혹하는 것은 브랜딩이 아니다. 소비자가 브랜드를 접하는 모든 접점에서 '브랜드 아이덴티티가 느껴지는 소비자 경험(BCE : Branded Consumer Experience)'을 할 수 있게 만드는 것이 진심이 담긴 브랜딩이다.

브랜드 아이덴티티가 느껴지는 소비자 경험의 창출이 진심이 담긴 브랜딩의 핵심이다. 브랜드 아이덴티티는 목표인식이면서 동시에 소비자에게 하는 브랜드의 약속이다. 그 약속을 말로만 하지 않고 제대로 지키는 것이 '진심 브랜딩'이다.

1. 아이덴티티로 '구라'치지 말자.

브랜드 아이덴티티가 브랜드의 실체에 철저히 반영돼 직접경험으로 느껴지게 하는 것이 진정성 있는 브랜딩의 핵심이 된다고 했다. 진심어린 브랜딩을 위해서는 애초에 브랜드 아이덴티티를 설정할 때 유념할 것이 있다. 어차피 브랜드 아이덴티티는 '이렇게 보이고 싶다'는 바람이 담긴 목표 인식이다. 당연히 브랜드의 현재 모습보다는 멋있게 정리되기 마련이다. 그거야 문제가 될 것이 없다. 문제는 멋있게 보이고 싶다는 욕심이 지나쳐 브랜드의 실제 모습(역사, 강점과 약점, 독특한 특징 등)과 연계성이 없는 브랜드 아이덴티티를 설정하는 것에 있다. 사기와 협잡으로 평생을 살아 온 사람이 전달하고픈 목표인식을 '정의로움'으로 설정한다면 설득력이 과연 있을까? 진짜배기 브랜드로 절대 보이지 않을 것이다.

진정성의 어원인 'authentikos'는 '진짜'라는 의미다. 현재의 모습이나 그동안의 역사와는 전혀 연계성이 없는 얘기를 목표인식으로 설정하고 전달한다면 그 브랜드는 결코 진짜배기로 보일 수 없을 것이다. 작든 크든 브랜드의 실체와 연계성이 있도록 아이덴티티를 설정하는 최소한의 솔직함에서 진정성 있는 브랜딩은 출발한다.

2. 모든 임직원이 럭비팀이 돼야 한다.

'브랜드 아이덴티티가 느껴지는 소비자 경험(Branded Consumer Experience)'이 소비자가 브랜드와 만나는 모든 접점에서 일어날 수 있도록 하는 것이 진정성 있는 브랜딩, 브랜드 커뮤니케이션이다. 아이덴티티가 반영된 가장 직접적인 브랜드 실체는 물론 제품이다. 제품의 품질이나 성능이 브랜드 아이덴티티를 배신해서는 아예 브랜딩이 되지 않는다. 문제는 소비자가 브랜드에 대한 경험을 하게 되는 원천이 제품 말고도 허다하게 많다는 것이다. 게다가 이런 소비자의 경험은 브랜드를 다루는 부서와 관련 없는 조직이나 사람 그리고 장소에서 일어나는 것이 대부분이다. 콜센터·창구·A/S 센터에서 브랜드 경험은 많이 일어난다. 집 앞에 사는 사람과 엮인 경험 때문에 그 사람이 속한 기업의 브랜드를 평가하게 된다. 브랜드는 관련된 사람과 관계를 맺으면서 겪게 되는 경험 전반에 대해 가지게 되는 인식의 문제다. 따라서 브랜드와 관련이 없다고 여겨지는 부서 임직원의 역할이 진정성 있는 브랜딩에서는 매우 중요하게 된다. 말하자면 모든 임직원이 럭비를 해야 되는 것이다. 럭비란 운동은 '전진'과 '땅 따먹기'가 그 본질인 구기 종목 중에서 남다른 특징이 있는 종목이다. 전진해야 이기는 경기임에도 전진패스(손으로 던지는)가 없는 유일한 종목이다. 전진해야 이기는 경기인데 전진패스가 없으면 어떻게 해야 되는가? 한 명이 상대방을 다 따돌리고 전진하면 된다.

당연히 이 방법은 매우 어렵다. 아무리 빠르게 뛸 수 있어도 열다섯 명을 혼자 제치기란 거의 불가능하다.

럭비 경기에서 한 팀이 전진하려면 공을 들고 뛰는 선수와 동일 선상에서 다른 선수들도 함께 뛰면서 옆으로 공을 서로 주고받으면서 나아가야 한다. 럭비공을 브랜드라 생각해 보자. 그 공을 들고 뛰는 사람은 사장일 수도 있고 브랜드 매니저일 수도 있을 것이다. 브랜드와 직접 관련이 없다고 생각되는 재무·인사·연구개발 등 모든 부서가 그 공이 가는 방향인 브랜드 아이덴티티에 맞춰 함께 뛰어야 한다는 얘기다.

진정성 있는 브랜딩을 위해서는 모든 임직원이 브랜드라는 공을 가지고 싸우는 럭비를 하고 있다고 인식해야 한다. 한 방향으로 맞춰서 뛰어야 한다.

3. 진정성은 일관성, 도덕성의 문제가 아님을 명심하자.

진정성은 일관성인거다. 진정성은 '진짜'이며 '독특한'것을 의미하는 것이지 '착하고 도덕적인' 것만을 뜻하는 것이 아니다. 이윤을 창출하는 기업이 무조건 착해지는 것이 진정성 마케팅이 아니듯 진정성 있는 브랜딩은 브랜드 아이덴티티가 일관성을 잃지 않고 소비자 경험에 반영되는 것이지 브랜드 아이덴티티가 무조건 도덕적이어야 한다는 뜻이 아니다. 브랜드 아이덴티티가 '날라리의 즐거움'이나 '일탈과 해방'이라면 그 아이덴티티가 도덕적인 메시지가 아니기에 진정성 있는 브랜딩이 안 되는 것이 아니다. '날라리의 즐거움' '일탈과 해방'이란 브랜드 아이덴티티가 제품이나 서비스 그리고 임직원에게서 일관되게 묻어 나오지 않을 때 진정성이 결여된 브랜딩이 되는 것이다.

따라서 진정성 있는 브랜딩에서 중요한 것은 브랜드의 약속과 약속 이행이 연결된다는 경험의 반복, 즉 일관성에 의한 확실성과 예측가능성(Reliability)이다. 시류에 따라 마구 변하지 않고 상황에 따라 흔들리지 않는 브랜드 약속의 꾸준한 이행이 가장 중요하다.

버진 아틀란틱(Virgin Atlantic)은 '날라리의 즐거움'을 목표인식으로 설정한 브랜드다. 좀 점잖게 표현하면 'Young & Fun' 정도가 된다. 버진은 자신들의 브랜드 아이덴티티를 제품과 서비스에 충실히 반영하고

간접경험을 일으키는 광고
등에도 일관성 있게 적용하
였다.

비행기 승무원의 유니폼
도 가장 섹시하단 평가를
받을 수 있게 만들었다. 기
내의 조명은 마치 클럽에

[간접경험 – 광고]　　　[직접경험–제품 / 서비스]

온 느낌이 들도록 조정했다. 비행시간이 즐거워야 하니까 기내 오락
이나 게임은 정말로 'Fun'의 경험을 할 수 있게 준비했다. 광고는 매우
야하다. 항공사 광고인지 란제리 광고인지 구분 안 될 광고를 내 보낸
다. 버진의 브랜드 아이덴티티가 도덕적이기에 그들의 브랜딩이 진정
성이 있다고 하는 것이 아니다.

'날라리의 즐거움'이란 목표 인식(즉, 브랜드 아이덴티티이자 브랜드의 약
속)을 확실하고 예측 가능한 소비자 경험으로 끊임없이 제공했기에 버
진의 브랜딩에는 진정성이 담겨 있는 것이다.

"어린 자녀들과 함께라면, 그들을 돕기 전에 당신부터 산소마스크를
확실히 착용하십시오. 만일 두 아이와 같이 있다면 어느 아이를 더 사
랑하는지 지금 결정하십시오."

사우스웨스트(Southwest) 항공의 기내 안전 방송의 일부다. 살벌하다
고 느낄 사람들도 있을 것이다. 하지만 사우스웨스트 항공이란 브랜
드를 잘 아는 사람들이라면 참으로 자신들의 브랜드 약속에 충실한

안내 방송이라고 느낄 것이다.

　사우스웨스트 항공의 전략은 한 마디로 'No frills approach'다. 프릴 (frill)은 없어도 되는 옷의 장식과 같은 것이다. 그들은 항공 운항이란 본질에는 충실하지만 없어도 되는 거품을 제거하는 '솔직한 효율성'을 내세우는 기업이다. '솔직한 효율성'이 그들의 지향점이며 브랜드 약속이다.

　사우스웨스트의 브랜드 아이덴티티에 동의하는 소비자라면 저런 살벌한 안내방송조차 즐거이 받아들이게 된다. 사우스웨스트의 기내 안전 방송은 브랜드 아이덴티티를 일관성 있게 꾸준히 반영하고 경험시킨 그들의 브랜드 진정성이 소비자에게 전폭적으로 인정받고 있음을 보여주는 상징적인 장면이다.

● 30년의 약속을 지킨 USA 투데이

　2015년 10월 22일은 영화 『백 투 더 퓨쳐』가 상영된 지 30년이 되는 기념일이었다. 2편에서는 주인공이 체포됐다는 기사가 USA 투데이에 실린 것을 보여주는 장면이 나온다. 허핑턴 포스트(http://goo.gl/bRDoFZ)는 관련해서 다음과 같은 기사를 실었다.

　"백 투 더 퓨처 데이를 기념하는 행렬에 신문 『USA 투데이』도 동참했다. 『백 투 더 퓨처2』에 등장한 '힐 베리 에디션' 버전의 1면을 실제로 제작한 것이다. 영화 속에서 이 신문은 매우 중요한 소품이었다. 이 신문이 발행된 날은 10월 22일이다. 미래에 간 브라운 박사가 이 신문을 통해 마티의 아들이 사고를 치고 이 일로 경찰에 잡혔다는 소식을 알게 된다. 그래서 이를 막기 위해 전날인 10월 21일에 맞춰 미래에 갔던 것이다. 미래에서 몇 가지 소동이 일어난 후, 마티의 아들은 위기에서 벗어나고 영화에서 보여진『USA 투데이』의 1면도 다른 뉴스로 바뀌게 된다. 영화에는 신문의 윗부분만 등장했지만, 『USA 투데이』는 하단에 위치한 뉴스들을 따로 제작했다. 광고전문 매체인『AD week』의 보도에 따르면, USA 투데이는『백투더 퓨처』를 제작한 유니버설과 영화의 각 본가이자, 프로듀서였던 밥 게일과 함께 작업했다고 한다.

출처: http://goo.gl/bRDoFZ

그래서 영화 속에 나오는 소품들과 설정에서 다시 상상을 가미한 뉴스들이 있다. 그중 맨 하단에 위치한 가상 뉴스는 조지 맥플라이라는 작가가 쓴 SF소설『A Match Made in Space』를 할리우드에서 영화로 만든다는 소식이다. (심지어 감독은 '백 투더 퓨처'를 연출한 로버트 저메키스로 쓰여 있다.) 조지 맥플라이는 영화 속 마티의 아빠다. 1편에서 다시 현재로 돌아온 마티는 작가로 성공한 아빠의 모습을 보는데, 이 책도 그때 등장한다."

아무도 요구하지 않았지만 기념비적인 영화의 등장장면을 30년 후의 신문지면에 반영하는 과단성과 유머 감각, USA Today 브랜드에 대한 호감도는 분명 상승했을 것이다. 문화를 존중하는 미디어라는 인식도 심어 줬을 것이다. 유쾌한 브랜딩의 보기 드문 사례다.

언행일치가 진정성이다

몇 년 전 마이크 샌델(Michael J. Sandel)의 『정의란 무엇인가』는 정작 미국에서는 10만부 남짓 팔렸지만 우리나라에서는 100만부가 훌쩍 넘게 팔린 초대형 베스트셀러가 됐다. 그 책에서 샌델은 '정의란 이런 것'이라고 명쾌한 답을 주진 않았지만 정의가 무엇보다 '분배의 문제'인 것만큼은 명확히 밝혔다. 정의로운 사회는 우리가 소중히 여기는 것들(이를테면 소득과 부, 의무와 권리, 권력과 기회, 공직과 영광 등)을 올바르게 분배하는 사회라는 얘기였다.

최근에는 조금 뜬금없지만 『미움 받을 용기』 등 아들러(Alfred Adler) 심리학을 다룬 책이 베스트셀러가 됐다. '다른 사람 의식하지 말고 모든 사람에게 사랑 받으려는 강박을 버리는 것이 잘 사는 것'이란 얘기가 핵심이다.

비슷한 얘기는 많았다. 알랭 드 보통(Alain de Botton)은 그의 책『불안』에서 세상의 눈으로 자신의 가치나 중요성을 보니까 불안이 촉발되는 것이라고 말했다. 사회가 자신을 보는 눈에 대한 강박 때문에 불안이 생겨난다는 것이다. 베르베르(Bernard Werber)는 좀 더 직설적이다. '실패한 삶이란 자기 자신이 아닌 다른 사람들만을 만족시키다가 끝나는 삶이다'라고 얘기한다.

한 사회에서의 베스트셀러는 텍스트(내용)의 문제일 뿐 아니라 더 크게는 컨텍스트(맥락)의 문제다. 베스트셀러는 사회적 맥락, 그 시대의 화두를 일정 정도 반영한 결과물이다.

아버지의 막대한 돈을 물려받을 '권리'와 아버지 회사를 바로 경영하는 '자격'을 구분하지 않는 뻔뻔함은 반복됐다. 분배의 측면에서 더 내야 할 사람들이 오히려 덜 내고 있다는 의심은 커졌다. 그러다 보니 우리에게 가장 모자란 것은 정의라는 생각을 더 많은 사람이 하게 된 것, 이것이 사회적 맥락이다.

나라 전체가 경제적 상승국면에 있던 좋은 시절이 지나고 개인적인 선택에 많은 제한을 받고 있는 사람들이 눈만 뜨면 접하게 되는 성공한 사람들의 신화를 보면서 기대와 현실간의 괴리를 위로 받기 위해서 필요한 메시지는 '네 맘대로 살라'는 것 아닐까? 이처럼 베스트셀러로 외현화되는 사회의 화두는 그 시기 가장 결핍된 가치다. 가장 부족한 가치이기에 무엇보다 각광받는 것이다.

이제 우리나라에선 브랜드 분야는 물론 정치를 비롯한 거의 모든 분야에서 '진정성'이란 말이 일상적인 용어가 된 듯하다. 그 놈의 진정성, 이제는 지겹다는 말이 나올 만도 하다.

원래 진정성이란 말은 그리스어 'authentikos'에서 유래했다. 이 말자체가 '진짜'라는 뜻이다. 제일 각광받는 화두는 가장 결핍돼 있는 가치다. 우리 사회에서 '진정성'이란 말이 범람하는 가장 큰 이유는 오히려 가짜가 판을 치기 때문일 것이다. 내세우는 메시지와는 다른 행보를 보이는 브랜드, 실체와 메시지가 서로를 배반하는 기업 등, 이 모두가 가짜인 것이다. 이런 가짜는 권위주의적(Authoritarian)일 순 있어도권위를 가지게(Authoritative) 되지는 못한다. 그렇기에 진정성이 모자란정치인이나 기업일수록 문제를 '소통'에 돌리는 성향이 강하다. 걸핏하면 홍보가 문제라고 하는 둘러대는 공통점이 있다.

간디가 남긴 말이다. 진정성을 이토록 잘 설명한 말은 없는 것 같다.

"나의 (   )이 곧 나의 메시지입니다."

(   )안에 들어갈 말은 무엇일까?

—정답은 '삶'이다.

신뢰받는 브랜드의 요건은 '일관성'이다

진정성의 핵심은 데이비드 마이스터(David Maister)의 신뢰 방정식, 'T=(C + R + I)/S'에 잘 나타나있다. 방정식의 약자는 각각 Trust, Credibility, Reliability, Intimacy, Self-interest를 가리킨다.

$$T=(C+R+I)/S$$

Trust나 Credibility나 Reliability 모두 '신뢰'라고 해석하면 도대체가 무슨 말인지가 헷갈리게 된다.

여기에 진정성의 핵심개념이 숨어 있다. 신뢰 방정식에서는 신뢰(Trust)는 전문성이 주는 믿음(Credibility) + 약속과 이행이 연결된다는 경험의 반복 즉 일관성에 의한 확실성(Reliability) + 친밀감(Intimacy)을 더하고 그것을 이기적 성향(Self-interest)으로 나눈 결과란 것이다.

진정성의 요체는 바로 이 일관성에 의한 확실성을 뜻하는 Reliability 이다. 언행일치라는 얘기다. 메시지와 메신저가 서로 배반하지 않는 것이다. 이것이 진정성의 출발인 진짜배기의 요건이 되는 것이다.

브랜드 메시지가 실체에 명확히 반영돼야 한다. 소비자들이 '직접 경험'으로 브랜드의 메시지를 느낄 수 있어야 하는 것이다. 메신저가 자신들의 메시지를 배반하지 않아야 한다. 진짜와 가짜가 구분되는 지점이 바로 여기에 있다.

  '진정성'을 인정받고 싶다면 우리가 내세우는 메시지를 우리가 충실히 실체에 반영하고 있는지를 먼저 살펴 볼 일이다. 소통이 안 돼서 우리 진심을 몰라주는 것이라고 커뮤니케이션 담당자 들볶지 말고….

● 언행일치 브랜드, 파타고니아

  파타고니아는 1973년에 설립된 아웃도어 브랜드다. 다양한 아웃도어 활동을 위한 의류제품을 만들고 판매하는 하이엔드급 의류회사로 2016년 추정 매출은 712만 달러에 이른다.

  파타고니아는 확고한 브랜드아이덴티티를 설정한 것은 물론 지치지 않고 실천하는, 언행이 일치하는 진심이 담긴 브랜딩(Authentic Branding)의 대표적 사례로 자리 잡았다.

  파타고니아는 소비자의 건강과 환경 친화를 브랜드의 미션으로 정립하고 1996년부터 모든 면직류를 100% 유기농법 순면으로 전환한다. 또한 거위에게 강제로 사료를 먹여 생산하는 거위털을 제품에 사용하지 않고 있다. 심지어 신제품보다는 중고품을 사도록 권장하고 있다.

  2007년 포춘지에 지구상에서 가장 멋진 회사로 선정되었으며, 2014년에는 가장 친환경적인 기업으로 선정됐다. 이제 파타고니아는 지속 가능한 성공의 사례를 보여주는 브랜드로 존경받고 있다.

  • 파타고니아는 급진적 발전이 아닌 점진적 혁신을 추구한다. 40년이 넘는 기간 동안 자발적인 합의하에 행동이나 의식상에서 환경

이라는 명제를 모든 임직원들이 공유하고 있다.

- 소비자의 눈으로 보고 느끼고 경영하는 소비자 관점의 경영을 실천한 브랜드다.

- 상품개발에 있어서 환경과 삶의 가치를 아이디어의 중심에 놓고 있다. 제품생산과 판매에 관여하는 모든 사람의 삶에 세심한 관심을 기울이며 그들의 행복을 가장 중요한 가치로 삼고 있는 것이다.

- 인정하는 자세와 책임의식을 가지고 있다. 파타고니아는 자신 또한 자원을 소비하고 폐기물을 발생시키는 기업임을 인정한다. 그래서 환경에 환원해야 한다는 책임의식을 갖고 있다. 그리고 이를 실천하고 있다.

- 다른 스포츠나 아웃도어 브랜드와 달리 유명선수를 후원하지 않는다. 스타 마케팅 보다는 소비자들이 옷에 대해 만족하는 게 더 중요하다고 생각하고 실천하고 있다.

브랜드에 대한 생각법 13
브랜드 만드는 것은 어렵지 않다. 브랜딩이 어려운 것이다

브랜드를 만드는 건 어려운 일이 아니다. 브랜딩이 정말 어려운 것이다. 브랜드와 브랜딩의 근본적 차이에 대한 이해 없이 혼용해서 쓰이는 현실은 그래서 안타깝다. 심지어 그러한 혼용이 전문가 영역에서조차 비일비재하다는 게 문제다.

브랜드는 정형화된 실체가 아니고 사람들의 마음속에 떠오르는 생각, 연상 등의 총합이다. 마케팅은 '무슨 일을 해서라도 많이 팔기 위해서 뭘 할 것인가'의 문제가 된다. 브랜드 전략이라면 사람들의 머릿속에 문장이나 그림, 노래 등 무언가를 강렬하게 떠오르게 할 것인가를 정리하는 것이다. 브랜드 전략은 '어떤 걸 떠올리게 할 것인가'의 문제가 된다.

원래 브랜딩은 이름을 짓고, 디자인하고, 슬로건을 만드는 작업을 지칭하는 말이었다. 이름 짓고 슬로건 만드는 등의 행위를 버벌(Verbal) 브랜딩이라고 한다. 그림, 심벌 로고, 패키지 등을 만드는 작업은 비주얼(Visual) 브랜딩이라고 한다. 그런데 요즘에는 브랜딩의 의미가 넓어졌다. 브랜드 커뮤니케이션과 같은 의미로 쓰인다.

넓은 의미의 브랜딩은 우리 브랜드의 아이덴티티가 실체로 경험되어 각인되는 과정 즉 브랜드 커뮤니케이션을 뜻한다. 그렇기에 브랜딩을 잘하는 핵심적인 원칙은 '경험하게 하는 것'이다. 그러니 슬로건과 디자인만 나오면 브랜딩이 된 걸로 착각하는 실수를 하지는 말아야 한다. 브랜드 요소를 만드는 것을 브랜딩으로 혼동하면 안 된다.

예를 들어 '시원한 배 주스'라는 음료가 있다고 치자. 그 이름을 듣는 순간 '배 음료구나, 시원하겠네' 하는 생각이 들 것이다. 광고를 봤든 매대에서 제품을 봤든 사서 먹기 전에 떠올리는 그 생각은 간접 경험에 의한 것이다. 사서 먹는 것은 직접 경험이 된다. 그런데 막상 먹어 보니 시원하지 않고 배 맛도 나지 않는다면 소비자는 반감이 생기게 된다.

도시브랜드를 만든다고 할 때 어려운 점은 슬로건을 만들고 그림 그리는 행위 정도를 브랜딩의 모든 것처럼 생각하는 사람들이 대부분이라는 것이다. 그래서 도시브랜드를 평가한다고 하면 '슬로건이 어떻다, 그림이 어떻다'로 논의가 집중되곤 한다. 안타까운 일이다.

물론 슬로건이나 네이밍, 디자인도 중요하다. 그러나 진짜 중요한 것은 직접 경험이다. 직접 경험이 간접 경험을 배신하면 그 브랜딩은 망하게 되는 것이다.

브랜딩의 핵심이 뭐냐고 묻는다면 나는 '언행일치'라고 답한다. 메시지로서의 언(言)과 행(行)으로서의 제품, 서비스, 도시 경험을 일치시키는 것이야말로 진정한 브랜딩이다. 브랜딩은 경험의 문제이고 브랜드가 주장하는 것을 직간접적 경험을 통해서 동의받는 과정이다.

도시브랜드와 도시브랜딩을 예로 들어 보자. 도시브랜드의 잘된 사례로 흔히 뉴욕의 'I♥NY', 암스테르담의 'I amsterdam', 베를린의 'Be Berlin'을 많이들 꼽는다.

I amsterdam.

암스테르담을 예로 들면 그 슬로건이 암스테르담이 갖는 가치를 한 눈에 보여주진 못한다. 섹시하지도 않다. 과거 암스테르담은 환락과 섹스, 운하의 도시라는 인식이 있었다.

그 인식에서 벗어나고 싶었던 암스테르담은 도시브랜딩을 위해 세 가지 핵심 가치를 정했다. 창의성(Creativity), 혁신(Innovation), 상업 정신(Spirit of Commerce). 이걸 다 담는 슬로건을 만들어야 하는데 그건 쉽지 않다. 이 세 가지를 하나에 다 넣는 것은 사실 불가능하다. 그래서 사람들이 쉽게 암스테르담을 각인시킬 수 있도록 'I amsterdam'이 슬로

〈그림〉 암스테르담의 3D 프린터로 만든 스테인리스 다리
출처; The Architect's Newspaper, 2021. 06. 21

건으로 채택된 것이다.

암스테르담의 브랜딩은 그 다음부터 본격적으로 현실화됐다. 슬로건에 핵심가치를 담지 않았지만 핵심가치를 현실화하려는 브랜딩은 꾸준히 실천되었던 것이다.

2021년, 4년간의 안전성 검토 및 제작을 거쳐 암스테르담은 3D 프린터로 운하를 가로지르는 스테인리스 다리〈그림〉를 설치했다.

세계 최초의 스테인리스 다리가 놓인 한쪽은 부정적 인식이 있는 지역, 다른 쪽은 스타트업이 많은 지역이었다.

3D 프린터라는 최신 기술로 창의성을 보여주면서 부정적 인식의 도시에서 혁신적인 도시로 가고 있다는 암스테르담의 실체를 보여준 것이다.

이게 바로 브랜딩이다. 'I amsterdam'이 훌륭한 슬로건이라고 말하기 전에, 실체로서의 브랜딩 활동이 뭐가 있었는지 얘기해야 의미가 있는 것이다.

브랜드가 지향하는 방향에 따라 도시의 실체가 바뀌지 않으면 시민의 삶의 질이 좋아질 리가 없다.

브랜드 슬로건은 멋있게 만들었는데 시민의 삶이 좋아지지 않는다면 도시 브랜드가 도대체 무슨 의미가 있겠는가. 당연한 게 지켜지지 않는 순간 브랜드는 거짓이 된다.

05

브랜드, 미션으로 시작해서
목적으로 완성된다

목적과 목표는 다른 것이다. 목적은 '이루고자 하는 일, 나아가는 방향'을 의미한다. 이루려는 일을 왜 하는지에 초점이 맞춰져 있는 개념이다. 어떤 일을 하려는 '이유'나 '취지'를 일컫는 말이다.

목표는 '이루거나 도달하려는 실제적인 대상'을 의미한다. 어떤 일을 해서 얻고자 하는 '최종 결과물'을 가리키는 말이다. 목적은 실현하려는 일 또는 상태, 목표는 어떤 목적을 실현하기 위한 정량적 지표를 뜻한다고 보면 된다. '행복한 인생'이 어떤 사람의 삶의 목적이라 한다면 이를 위해 필요한 조건들(예를 들면 돈 많이 벌기, 결혼하기 등)은 목표가 되는 것이다.

기업 브랜드이건 제품/서비스 브랜드이건 브랜드로 치자면 자신들이 내세우는 '핵심가치의 실천'은 목적이 된다. 이를 구체적으로 실현하기 위한 '수익 창출'과 같은 것이 목표가 된다. 하지만 목적과 목표를 혼동하는 경우도 허다하며 심지어 목적과 수단이 전도된 브랜드도 많이 보인다.

전통적으로 기업은 자신들의 목적, 목표 등을 가치체계로 정립해 왔다. 미션, 비전, 핵심 가치(Mission-Vision-Value, M-V-V)를 가치체계의 핵심 요소로 정리하는 것이 오래된 관행이다. 원래 미션은 두 가지 기능으로 존재한다. 하나는 '존재의 고유성'을 밝히는 기능이다. '우리 브랜드가 왜 존재해야 하는가?'에 대한 답을 정리한 것이다. 'Why'에 해당한다. 미션의 또 다른 기능은 비전의 실천 방향을 밝히는 기능이다.

우리의 가까운 미래는 이런 모습인데 이렇게 되기 위해 '우리는 일상적으로 이런 것을 해야 한다'는 다짐을 선포하는 것이다. 'What'에 해당한다. 미션은 원래 'Why'와 'What'을 다 고려해야 한다.

문제는 미션이 비전과 결합되어 가치체계로 정리되면서 일어나게 된다. 기업이나 브랜드의 비전은 명확하게 정리하려고 할수록 비즈니스 목표나 운영 목표로 귀결되곤 한다. 구체적인 숫자로 표현될 때가 많게 된다. 예를 들면 '2030년까지 매출액 얼마를 달성한다' '언제까지 글로벌 톱 10에 진입한다' 등이 전형적인 예가 된다. 경영자들은 이런 것을 좋아한다. 특히 전문경영인은 더 그렇다. 비전이 구체적이면 미션은 비전 달성을 위한 수단으로 격하되기 시작한다. 'Why'의 기능은 없어지고 'What'의 기능이 부각 된다. 그리하여 미션이 울림을 잃게 된다. 약간의 엄숙함과 자의식이 녹아 있지 않은 미션은 싱거울 수밖에 없다.

브랜드 목적의 부각

진정성, CSR(기업의 사회적 책임), 사회적으로 참여하는 소비자 등 다양한 분야에서 가치 중심의 기업활동을 독려하던 흐름은 이제 ESG 경영으로 대세가 된 듯하다. 이윤추구라는 기업활동의 고유한 목표만으로는 아무리 제품이나 서비스가 차별화되어도 존중받거나 선택받지 못하는 시대가 온 것이다. 이제 소비자들은 제품과 서비스가 주는 혜택의 차원을 넘어 자신들의 삶과 자신들이 속한 사회에 도움이 되는 목적을 표방하고 실천하는 브랜드를 선호한다. 이런 시대적 흐름에서 가치 중심의 기업활동을 하는 이유, 브랜드 존재의 고유함 등을 미션만으로 표방하기는 어렵게 되었다. 그리하여 본격적으로 브랜드 목적이 가치체계상 가장 상위개념으로 자리잡게 되었다.

존재 자체가 남다른 브랜드를 추구함으로써 근본적인 차별화를 하려는 기업이 많아지면서 브랜드 목적은 더 중요해지고 있다. 목적(Purpose)은 기업이 존재하는 이유, 세상에 공헌하는 방식 그리고 어떤 세상을 지향하는가를 말한다. 미션은 '해야하는 일(What we do)'이 된다. 목적은 '왜 해야 하는지(Why we do)'에 대한 선언이다. 미션-비전-가치 등 기존의 가치체계의 요소들이 정리되어야 하는 출발점이 브랜드 목적이 된다.

목적을 무엇으로 표방하냐에 따라 기업의 비즈니스 전략도 세계관도 달라진다. 이해관계자와 가치를 공유하면서 기업이 지속가능한 미래로 나아가게 하는 힘으로 브랜드 목적은 작용하게 된다. 유니레버는 "Making Sustainable Living Commonplace(지속가능한 삶을 일상화한다)", 파타고니아는 "We're in business to save our home planet(우리는 지구를 구하기 위해 사업을 한다)"고 브랜드 목적을 선언했고 적극적으로 비즈니스에 구현하여 좋은 평가를 받고 있다.

브랜드 존재의 이유, 미션

예전의 마케팅은 기업과 소비자 사이에 상품이나 서비스와 돈이 교환되는 것으로 상정했다. 상품/서비스를 어떻게든 돈 받고 팔아야하는 것이 마케팅으로 간주되었다. 최근의 마케팅 개념은 기업과 소비자 사이에 오가는 것이 상품과 돈이 아니라고 보고 있다. 기업이 소비자에게 제공하는 것은 브랜드와 가치이고 소비자는 브랜드와 그 브랜드의 가치 때문에 충성(Loyalty)을 바치게 되는 것이 최근의 마케팅 개념이다.

기업과 소비자는 브랜드/가치와 충성도를 주고받는다. 예전의 소비자는 돈 내고 사려는 상품이 '돈값을 하는가?'로 판단했다. 물건이 좋은가 아닌가로 판단하고 안 좋다면 다른 기업의 비슷한 상품을 사면 그만이었다. 여러 기업의 비슷한 상품 중에서 하나를 고르는 것이었다. 지금은 다르다. 상품의 품질이 기업마다 크게 다른 분야도 거의 없어졌다. 브랜드와 브랜드가치에 매혹된 소비자는 제품의 질에서 엄청난 차이가 나지만 않으면 그 기업의 상품이나 서비스를 산다.

자신이 좋아하는 브랜드, 그 브랜드가 상징하는 가치에 공감하면 굳이 다른 기업의 상품으로 눈을 돌리지 않는다. 수년간 지속되고 있는 오뚜기의 성장이 이를 증명한다.

브랜드 가치를 보고 충성도를 돌려주는 것이 소비자다. 따라서 기업은 자신의 브랜드가 어떤 가치를 전달하고자 하는지를 명확히 정의해 놓아야 한다. 브랜드의 지향점이자 정체성을 명확히 정리해 놓은 것, 이것이 기업브랜드의 가치체계다. 브랜드 철학이라고도 할 수 있다. 네 가지 정도가 필요하다. 기업의 존재의의를 밝히는 미션(Mission), 꿈이 담긴 목표인 비전(Vision), 구성원이 추구하는 방향을 밝히는 핵심가치(Core Value) 거기에 기업의 철학을 간명하게 밝히는 슬로건(Slogan)이 필요하다.

시작은 미션이다. 브랜드가 어떤 역할을 하고 또 왜 있어야만 하는가를 밝힌 것이 미션이다. 개인이 가지는 '왜 사는가?'에 대한 고민이 기업에 적용되면 '왜 존재하는가?'가 된다. 브랜드의 출발점은 미션이다. 이름이 무엇이든 어떻게 생겼든 그 브랜드가 무슨 일을 하는가, 어떤 의미를 가지는가가 브랜드의 근본이 된다.

'어떤 일을 하는가가 누구인지를 말 해준다(You are what you do)'는 말이 있다. 브랜드가 어떤 일을 하는가는 그 브랜드가 왜 존재하는지를 정당화시키는 역할을 한다. 브랜드가 존재해야 하는 고유한 이유 그러니까 존재의 이유(Raison d'être, 레종 데트르)부터 명확히 하는 것에서 가치의 전달은 시작된다.

미션은 기업이 국가, 사회, 고객에게 이렇게 기여 하겠다고 설득력 있게 선언하는 것이다. 월마트의 '서민들에게도 부자와 같은 구매 기회를 제공한다', 3M의 '미해결된 문제를 혁신적으로 해결해 나간다'가 좋은 예가 될 것이다.

우리가 하는 일이 이렇게 의미있는 일이라고 규정되면 내부구성원의 자부심도 올라가고 업무에 몰입하는 동기를 부여하게 된다. 테슬라의 직원들은 하나같이 '우리는 전기차를 만드는 것이 아니라 지구를 구하고 있다'고 열정적으로 말한다.

미션은 고객에 대한 약속이 되고 기업은 천명한 그 약속을 지키기 위해 노력하게 된다. 미션이 서고 나서야 비로소 브랜드의 방향성을 지키려는 내부임직원의 한결 같은 헌신이 가능하게 된다.

종업원의 긍지와 자부심이 고객에게도 전이되는 것으로 유명한 스타벅스의 미션은 이렇다.

'사람의 정신에 영감을 주고 더 키운다. 그래서 한 번에 한 사람, 한 잔, 한 명의 이웃에게 정성을 다한다.(To inspire and nurture the human spirit ― one person, one cup and one neighborhood at a time.)'

돈 받고 커피 파는 곳이 아니라는 말이다. 거창하게도 인간정신을 고양하는 곳이 되겠다는 것이다. 조금 과하다는 생각이 드는가? 미션은 그래야 한다. 과하다는 생각이 들어야 한다. 그래야 실천하려는 의지가 더 생겨나기 때문이다.

데이비드 슈워츠의 책 『Magic of thinking big』에 나오는 다음의 에

피소드는 미션이 어떠해야 하는지, 미션이 사람들에게 어떤 자세를 갖게 만드는지를 명쾌하게 보여준다.

세 명의 벽돌공이 부지런히 벽돌을 쌓고 있었다.

어떤 사람이 그 벽돌공에게 물었다. "무엇을 하고 있습니까?"

첫 번째 벽돌공이 이렇게 대답했다.

"벽돌을 쌓고 있어요."

두 번째 벽돌공이 대답했다.

"시간당 9달러 30센트짜리 일을 하고 있소."

세 번째 벽돌공은 이렇게 대답했다.

"나요?" "나는 지금 세계에서 제일 큰 성당을 짓고 있어요."

브랜드에 대한 생각법 14

고객의 입장으로 업을 재정의하라

우리 회사가 하는 사업의 본질이 무엇인지 '시장과 고객'의 입장으로 정리하는 것이 업을 재정의하는 것이다. 시장과 고객 관점에서 본다는 것은 'What'을 보는 것이 아니라 'Why'를 주목하는 것이다. 브랜드의 미션을 정립할 때 먼저 고민해야 하는 지점이다.

편의점 세븐일레븐의 성공을 상징하는 스즈키 토시후미 회장은 "우리의 경쟁 상대는 경쟁 회사가 아니라 시시각각 변하는 고객의 니즈"라며 "현재에 안주하지 않고 끊임없이 고객의 심리를 연구하는 '성공 기억 상실증'에 걸려야 한다"고 주장한 바 있다. 고객이 생각의 중심이란 얘기다. 그의 책『최악의 불황에도 팔리는 건 팔린다!』에는 관련해서 주목할 만한 대목이 있다.

"기본은 항상 '고객의 입장에서'생각하는 것이다. 나는 어떤 경우라도 판매자는 '고객을 위해서'가 아니라 '고객의 입장에서' 생각해야 한다고 말한다. '고객을 위해서' 생각하는 것과 '고객의 입장에서' 생각하는 것은 언뜻 보면 비슷해 보이지만 전혀 다른 대답이 나올 수 있기 때문이다. 이것을 철저히 실천하기 위해 나는 회사 안에서 '고객을 위해서'라는 표현의 사용을 금지한 적이 있을 정도다."

과연 세븐일레븐을 세계 5위의 유통회사로 키워 낸 경영자요 삼각 김밥, 도시락, ATM (현금자동입출금기) 등 편의점 하면 떠오르는 대부분의 상품과 서비스를 만들어낸 마케팅 레인메이커다운 고객중심 사상이 아닐 수 없다.

『드릴을 팔려면 구멍을 팔아라』라는 마케팅 입문서가 있다. 이 책의 제목이야말로 제품이 아니라 가치 · 해결책에 집중하는 것이 혁신임을 잘 나타내준다. 기업입장에서야 제품(Product)은 기능을 갖춘 물건이지만 소비자에게는 해결책 · 가치(Solution · Value)여야 한다.

고객을 위한 변화, 고객지향의 혁신을 이루기 위해서는 우리가 제공하는 제품을 '돈 받고 파는 물건'이 아니라 '소비자에게 주는 해결책이

브랜드	제품지향적 정의	가치지향적 정의
Auction	인터넷 경매	자유롭게 사고 파는 공간
Xerox	복사기	사무생산성 향상
TTL	할인/혜택 패키지	젊은 문화의 공유
Nokia	이동 전화기	사람들과의 연결
Sony	전자제품	즐거움을 제공

나 가치'로 보는 것이 중요하다.

1970년대 중반까지도 시계는 부와 권력의 상징과도 같았다. 손목시계 시장의 1/3 이상은 스위스가 차지하고 있었다. 특히 고급 손목시계는 스위스 시계 브랜드의 독차지였다.

일본은 1970년대 후반, 값은 더 싸고 정확도는 더 높은 쿼츠(Quartz) 시계를 상용화했다. 스위스 시계의 점유율은 43%에서 15%로 급락했다. 그리고 일본이 시계시장의 강자로 등장했다. 시계산업에서의 가장 괄목할 만한 기술혁신은 기존 기계식보다 값은 싸면서도 더 정확한 쿼츠 무브먼트의 상용화일 것이다. 이후 시계 시장은 크게 보아 '정확한 시간을 알면 되는' 기능적 요구를 충족하는 시계와 '지위를 상징하는' 과시욕구를 충족하는 시계의 두 종류로 나뉘었다.

이런 상황에서 1980년대 중반 탄생한 브랜드가 바로 스와치(Swatch)다. 스와치는 자신의 업을 '정밀기계업'이 아니라 '패션사업'으로 규정했다. 정확한 시간을 알려주는 시계를 파는 것이 아니라 패션 소품으로 활용되는 아이템을 파는 것으로 규정했던 것이다. 물론 이런 업의

재정의에 걸맞은 혁신적 변화를 수행한 결과였다. 스와치는 통합된 생산체제를 먼저 갖췄다. 수직 통합을 이뤄낸 스와치는 독자적인 생산 기법을 설계해 완전 자동화된 생산 라인에서 시계의 조립부터 생산까지 스위스에서 진행했다.

주요 부품 수를 51개로 줄이면서 원가를 10프랑 이상 낮췄다. 게다가 스와치는 플라스틱을 케이스로 사용했다. 고급 금속 및 보석을 쓰기로 유명한 스위스 시계 업계는 이를 반대했다. 그러나 하이에크(Nicolas G. Hayek, 스와치 CEO)는 "대량 생산 없이는 저가 시장에서 자리를 잡지 못하고 다른 시장에서도 품질과 원가를 지배할 수 없다"며 이를 강행했다. 특히 패션 아이템임을 각인하게 만들었던 유통전략에서 스와치의 고객중심의 변화 의지는 빛을 발했다.

시계가 패션소품으로 여겨지려면 먼저 시계가 패셔너블해야 한다. 당연한 얘기다. 여기까지만 했다면 스와치가 이처럼 빈번하게 혁신의 성공사례로 언급되지는 않을 수도 있다. 그들은 한 걸음 더 나아갔다.

스와치는 시계를 보고 구매하는 유통점 자체도 패셔너블하게 꾸몄다. 스와치는 출시 시점부터 자사의 직판망을 형성하고 대형 디스플레이를 설치했다. 1980년대 중반만 해도 시계 브랜드의 대형 직판점을 찾아보기란 쉽지 않았다. 스와치의 직판점 내부에 설치된 화려한 디스플레이는 하나의 거대한 조형 예술물을 연상케 할 만큼 주목도가 높았다. 매장 자체에서 패션감각이 물씬 묻어나도록 했던 것이다.

● 고객입장으로, 관점의 변화가 가져온 성공 - 일만선서

일본 홋카이도의 한적한 시골마을 스나가와(砂川)시. 인구 1만8,000명에 불과한 이 작은 마을에 한 곳 밖에 없는 개인 서점 '이와타'의 성공 스토리. 이와타 도루(岩田徹) 사장이 내놓은 '일만선서(一萬選書)' 서비스가 최근 입소문을 타고 전국으로 퍼지면서 주문이 쇄도하고 있고 '대기' 고객만 200명이 넘는다고 기사는 전하고 있다(2014년 10월 중앙일보 http://goo.gl/mdTWwO)

일만선서란 1만 엔(약 10만원)을 내면 그 금액 내에서 고객에 가장 잘 맞는 책들을 선택해 집으로 보내주는 서비스다. 듣기에는 간단해 보이나 치밀한 분석과 장인 정신없이는 가능하지 않은 일이다.

사실 우연히 시작된 서비스라고 한다. 고교 동창회에 나갔다 서점업계의 어려운 상황을 설명하자 몇몇 선배들이 "그렇다면 재미있는 책을 잘 골라서 보내 달라"며 1만 엔씩 건넸다고 한다. 책 선택에 고심하던 이와타 사장은 순간 깨달았다. '무엇이 잘 팔릴까'란 관점에서 서가

를 채울 게 아니라 '무엇을 읽어야 할까'란 독자의 눈으로 서가를 채우자." 자신의 업을 새롭게 정의한 것이다.

이제 그의 책 고르기는 과학적이다. 주문이 오면 그는 설문조사부터 한다. 고객의 직업·나이·가족구성은 물론이고 최근에 읽은 책과 그에 대한 세부평가에서부터 이제까지 인생을 통해 즐거웠던 때, 슬펐던 때, 가장 행복했던 경험 등을 묻는다. 서점주인이 아니라 독자의 관점으로 책을 고르기 위해서이리라.

▶사족

사실 그의 성공에는 운도 작용했던 것 같다. 주로 홋카이도 내 지인을 상대로 '일만선서'를 하던 이와타 사장의 활동이 2014년 8월 말 한 지상파TV에 소개되면서 한 달에 3명 정도이던 의뢰자가 갑자기 100명 이상으로 불어났다. 하루 매출도 3만~4만 엔(약 30만~40만 원)으로 늘었다고 한다. 그렇다. 방송에는 힘이 있다. 성공에는 '운'도 필요하다. '운칠기삼'이란 말 괜히 있는 것 아니다.

브랜드에 대한 생각법 15
브랜드 미션은 엄숙해도 된다

인지부조화라는 말이 있다. 사람들은 태도(좋아한다, 싫어한다)와 행동(산다, 안 산다)이 일치하지 않으면 심리적으로 매우 불편해진다는 것이다. 태도와 행동, 신념과 결과의 불일치 때문에 불편해진 마음 상태를

'인지부조화 상태'라고 한다. 마음이 불편하지 않으려면 태도와 행동의 일관성을 유지하면 된다. 그래서 사람들은 무의식적으로도 태도 · 신념과 행동의 일관성을 유지하려고 한다. 안 그러면 너무 마음이 불편해 질 것을 아니까. A를 제일 좋아하는데 결혼은 덜 좋아하는 C하고 했다고 치자. 태도(A가 제일 좋다) · 신념(A와의 결혼이 가장 좋은 대안이란 믿음)과 행동(C와 결혼)이 배치된다. 마음이 불편해 죽을 지경이 된다. 이처럼 태도와 다른 행동을 이미 저질렀을 때엔 어쩔 수 없이 '합리화'를 통해 마음의 짐을 덜어내게 된다.

그럼 애초부터 태도와 행동이 배치되지 않도록 하려면 어떻게 해야 할까? 태도, 신념을 공공연히 선언하면 된다. 선언하면 태도에 맞는 행동을 실천하게 되어 있다. 태도를 공표했기 때문에 인지부조화에 빠지지 않기 위해 공표한 태도에 맞춰 행동을 하게 된다. 그래서 가볍지 않게 엄숙하게 선언할수록 효과는 커지기 마련이다. "그거 장난이었어"라고 눙치고 넘어가기 어렵게 만들면 된다.

브랜드가 어떤 역할을 하고 왜 존재하는가를 밝히는 것이 미션이다. 우리는 '이런 일을 하기에 존재의 이유가 충분하다'고 스스로에게 다짐하는 것이 미션이다. 그리고 그 일을 항시적으로 하고 있는지를 자문하게 만드는 것이 미션의 역할이다. 행동이 핵심이다. 실천이 관건이다. 그래서 미션은 널리 알려야 한다. 우리는 '이런 의미있는 일을 하는 브랜드다'라고 널리 알려야 한다.

우리가 하는 일이 우리의 존재이유인데, 어떤 일을 한다고 선언만

하고 행하지 않는다면 미션이 무슨 소용이랴? 그래서 미션은 조금 엄숙할 필요가 있다. 좀 비장해도 된다. 기업의 태도·신념을 먼저 공표하면 그렇게 공표한 태도·신념에 맞춰 행동하려는 압력은 거세진다. 공표한 태도·신념이 진지하고 비장할수록 실천의 압박은 더 커지게된다.

미션이 실천이 되려면 엄숙한 내용을 진지하게 공표하는 것이 좋다. 그래야 행동으로 옮기려는 심리적 압력이 모두에게 작용하게 된다. 이처럼 미션은 널리 알려 실천에 대한 압박을 내외부로부터 받으면 받을수록 오히려 달성하기가 쉬워진다.

'간결하고 온화한 라이프스타일을 향유하게 만든다.' 이것은 무인양품(無印良品)의 미션이다. 무인양품은 '단순한 디자인에 양질의 품질과 실용성을 추구하는 일본의 대표적 라이프스타일 브랜드'라고 소개된다. 이들의 미션은 '질 좋은 제품을 합리적인 가격에 소비자에게 제공한다.' 정도를 한참 넘어서는 엄숙함이 있다.

이 미션으로 그들은 호텔을 지었다. 말 그대로 간결하고 온화한 스타일이 적용된 호텔을. 그리고 이를 미션의 실천이라고 자랑한다.

블루 오리진(Blue Origin)은 일반인의 우주여행을 추구하는 민간 우주 개발업체다. 아마존의 CEO 제프 베조스(Jeff Bezos)가 사실상 이끄는 기업이다. 'Building a Road.', 블루오리진의 미션이다. 블루 오리진은 "우리는 우리 아이들이 미래를 건설할 수 있도록 우주로 가는 길을 먼저 만드는 것에 전념합니다"라고 그들의 미션을 엄숙히 선언한다.

더이누스는 1975년부터 사업을 시작한, 업력이 짧지 않은 국내 기업이다. 이 회사는 얼마 전까지 'IS동서'라는 회사였다. 타일, 위생도기, 비데, 욕실 리모델링 패키지 등을 생산, 판매하는 이 회사는 최근 기업의 가치체계를 재정립했다. 자신들이 보유한 '이누스'라는 브랜드를 중심으로 다시 도약하겠다는 의지를 담아 기업명을 '더이누스'로 정하고 새로이 미션을 수립했다. 상투적이지 않은 것은 물론 기대를 뛰어넘는 작품같은 미션이 나와 눈길을 사로잡는다.

더이누스의 미션은 "사람들이 다시 힘을 내어 세상에 나설 수 있도록 만든다"이다. '언제든 다시 힘을 내어 세상에 나설 수 있게 하는 것'이 자신들의 존재의 이유라고 천명했다. 엄숙하고 또 거창하다.

더이누스는 자신들의 '존재의 이유'와 '세상을 위해 하는 일'을 "반복되는 일상 속, 공간이 주는 유쾌한 경험을 통해 사람들이 다시 힘을 내어 세상에 나설 수 있도록 만드는 것"이라고 규정한 것이다.

출처: 더이누스 홈페이지(theinus.co.kr)

더이누스의 미션은 도기, 타일, 비데 등을 잘 생산하는 기업에 그치지 않겠다는 선언이다. 힘들 때나 좋을 때나 어떠한 경우에도 사람들은 하루에 한 번 이상은 욕실이나 화장실에 가야만 한다. 바깥세상과는 일시적으로 단절된 그런 공간에서 사람들이 거기에서나마 유쾌한 경험을 할 수 있도록 만들어서 '다시 힘을 내어 바깥 세상에 나설 수 있게 돕는다'는 것이다.

얼마나 멋진가? "보기 좋고 쓰기 편한 도기, 수전, 비데를 제조, 생산한다." 따위와는 차원이 다르다. 이리 엄숙하게 선언했기에 실천하지 않을 수 없게 된다. 실천하지 않을 때 오는 인지부조화 상태를 견딜 수 없기 때문이다. 그러니 실천할 수밖에!

이 미션에는 많은 사람들에게 일상에서의 '유쾌함'을 경험하게 만들겠다는 의지가 담겨 있다. "다시 힘을 내어 바깥세상으로 힘차게 나아갈 수 있도록 만든다"라니. 미션이 이렇게 정리되니까 욕실이나 화장실에 국한되지 않고 일상의 여러 다른 공간까지도 자신들의 사업범위 안에 담을 수 있게 된다.

공간의 제약을 넘어서는 비즈니스를 추구해도 존재이유인 미션—공간에서의 유쾌한 경험으로 다시 힘을 내어 세상에 나가게 한다—을 배반하지는 않게 된다.

엄숙한 선언이면서 큰 그림이 담겨있는 미션이다.

고객가치에 집중한 미션이면 더 좋다

"가장 좋은 전략은 경쟁에서 벗어날 수 있는 전략이다"라고 오마에 겐이치(大前硏一, 일본의 컨설턴트)는 말했다. 경쟁에서 벗어난다? 경쟁을 하지 말자는 말인가? 그럴 리는 없을 것이다. 오마에 겐이치의 주장은 경쟁자보다 고객에, 특히 고객이 원하는 가치에 집중하는 것이 경쟁자의 움직임에 일일이 대응하는 것보다 훨씬 중요하다는 것을 강조하려는 것이다. 우리가 주는 것은 제품이나 서비스이지만 고객이 돈 내고 받는 것은 해결책이다.

고객이 얻게 되는 해결책, 그게 바로 고객가치가 된다. 『드릴을 팔려면 구멍을 팔아라』라는 책 제목은 제품과 해결책의 관계를 잘 설명한 표현이다. 기업이 파는 제품은 드릴이겠지만 고객이 사는 해결책은 구멍 잘 뚫는 것이니까.

'경쟁 치열한 핏빛 레드오션을 벗어나 경쟁 없는 청정한 블루오션으로 가면 된다.' 블루오션 전략이다. 블루오션 전략도 경쟁에서 벗어나야 한다는 주장이다. 이상적인 주장이고 논박하기도 어려운 당위성을 지닌 말이다. 경영자가 내부직원을 다그치기에 이렇게 편한 말도 없다. "블루오션을 찾으라니까 뭐 하고 있는 겁니까?"라고 닦달하는 CEO를 대놓고 욕하기란 어렵다. 어쨌거나 맞는 말이니까.

'경쟁 없는 곳으로 가라'는 말은 '경쟁자가 없는 시장으로 가야 한다'

는 말로 들린다. 여기에서 오해가 생긴다. 경쟁자가 아예 없으려면 어쨌든 최초가 되어야 할 것이다. 최초가 되려면 그동안 없었던, 하늘 아래 처음 나온 혁신적인 제품이나 서비스를 도입해야 하는 것으로 여겨지게 된다. 기술혁신을 통해 완전히 새로운 신제품을 만들어야 한다는 얘기로 착각하게 된다.

그게 아니다. 혁신적인 제품이 아니라 '가치 혁신'으로 새로워져야 한다는 것이 블루오션 전략의 핵심이다. '가치 혁신'에서 가치는 고객이 호응할 수 있는 해결책, 고객이 잊기 어려운 의미를 뜻한다. 결국 고객가치에 집중하라는 말이다. 고객가치에 집중하여 기업의 미션이 정립되고 실천되는 것에서 경쟁의 슬기로운 회피는 시작된다.

태양의 서커스(cirque du soleil)를 한 번 더 생각해보자. 경쟁자는 무수하다. 서커스 공연단이 사라지진 않았다. 경쟁자가 사라진 것은 아니다. 그러나 경쟁은 없다. 태양의 서커스는 고객에 집중했다. 보기 어려운 묘기를 보여주는 것이 다른 서커스 공연단이 하는 일이다. 제품 관점의 서커스에 대한 정의와도 같다. 태양의 서커스는 자신의 업을 고객가치에 집중해 정의했다.

고객은 비일상의 즐겁고도 놀라운 경험을 서커스에 기대한다. 기괴한 묘기를 바라는 것이 아니다. 태양의 서커스는 '기대하지 못 했던 것을 창조하여 몰입의 경험을 주는 것'을 미션으로 규정했다. 자신들이 영위하는 업의 본질은 '일상의 고단함을 잊을만큼의 몰입감을 주는 것'이라고 정했다. 미션이 정리되고 나면 실천이 따라야 한다.

그들은 미션을 수행하기 위해 묘기를 보여주는 것 이상을 실천했다. 한 팀의 묘기에 박수치고 나면 또 다른 묘기가 등장하는 것이 보통의 서커스 공연이었다.

태양의 서커스는 단발적인 공연의 연속이었던 서커스 공연을 하나의 흐름을 유지하는 스토리로 엮어서 전달한다. 이야기에 더 몰입할 수 있도록 무대장치와 소품의 예술적 수준도 높였다.

미션은 기업의 고유한 존재이유다. 존재의 이유는 하는 일을 보면 알 수 있다. 미션은 '하는 일'의 규정이다. 업의 규정이다. '업'이란 말은 비즈니스보다 깊은 뜻을 가지고 있다. 업은 일상적으로 실천하는 일이자 차곡차곡 쌓인다는 것을 의미한다. 미래에 일어나는 일의 원인이 되는 업보가 된다는 말이다. '이런 비즈니스를 하다 보면 나중에 보상을 받게 된다'는 관점과 '고집스레 우리 업을 착실히 수행하면 그렇게 쌓여진 업 때문에 나중에 더 좋아질 수밖에 없다'는 관점은 전혀 다르다. 미션은 업을 정의하는 일이라고 보면 좋겠다. 일을 하는 것이 수행하는 것과도 비슷해 질 수 있다.

영국의 주간지 이코노미스트는 자신들의 업을 '독자에게 더 똑똑해 졌다는 느낌을 주는 것'으로 규정한다. 고객이 바라는 가치는 좋은 경제기사를 읽는 것에 그치지 않고 이코노미스트를 읽으면서 더 스마트해진다는 느낌을 받는 것에 있다고 보는 것이다. 객관적인 경제기사를 쓰는 것과 읽는 고객이 똑똑해졌다는 느낌이 들게 기사를 쓰는 것은 분명 다를 것이다.

현대자동차는 '자동차'에서 '이동(Mobility)'을 이미 내세우고 있다. 몇년 전 '스마트 모빌리티 솔루션 기업으로 혁신하겠다'고 선포했던 것이다. 자신들의 업의 본질이 '좋은 자동차 생산'이 아니라 '사람들의 스마트하고 편안한 이동을 돕는 것'에 있음을 천명한 것이다. 이렇게 업의 정의를 고객가치 중심으로 정리해 놓으니까 우리는 현대자동차에서 차 말고 어떤 제품이나 서비스로 사람들의 이동편의성을 도와주려 할지 기대하게 된다. 자동차가 아닌 제품이나 서비스를 내 놓아도 '원칙없는 문어발식 확장'이라고 비난하지 못하게 된다.

고집스럽게 자신들의 업을 견지하는 곳이 있다. 롤스로이스(Rolls Royce)다. 롤스로이스는 자신의 업을 '이례적일 만큼 특출한 것임을 드러내게 하는 것'으로 정의한다. 롤스로이스를 타는 사람들을 '극히 예외적으로 특별한 존재로 보이게 만드는 것'이 자신들의 미션이라고 규정한 것이다. 브랜드 슬로건도 '위대함에 영감을 준다(Inspiring the Greatness)'이다. 따져 보면 좋은 차가 아니라 럭셔리의 극치를 제공하는 것이 자신들의 업이란 얘기를 여러 방향으로 돌려 말하고 있을 뿐이다. 주목할 것은 그들의 고집이다. 롤스로이스는 자신들의

업을 흔들림없이 지키고 있다.

롤스로이스의 CEO인 토스텐 뮐러 오트보쉬는 하이브리드 기술 도입에 관한 질문에 대해 이렇게 말한 적이 있다. '롤스로이스는 하이브리드처럼 타협하는 기술을 받아들이지 않는다'며 '우리는 호화로움을 추구하는 브랜드지 혁신적 기술을 선보이는 메이커가 아니다'라고. 주목해야 할 말은 다음이다. "하이브리드같은 혁신적인 기술을 선보이는 데에 몰두할 시간이 있다면 우리는 재떨이를 더 우아하게 만드는 데에 그 시간을 쓰겠다." 럭셔리에 대한 집착, 고객가치를 업으로 삼고 그 업을 고수하려는 의지가 명확하게 드러나는 말이었다.

하이브리드 기술은 도입하지 않았지만 최근 롤스로이스는 10년 내 전기차를 선보이겠다고 공언하고 있다. 어떤 전기차가 나올 것 같은가? 가장 럭셔리한 전기차가 나올 것이다. 물론 우아한 재떨이를 탑재할 것이고.

목적이 이끄는 브랜드를 지향하라

일본의 생물학자 이마니시 겐이치는 '공진화'(共進化)라는 개념을 설명하기 위해 『백한마리째 원숭이』라는 책을 썼다. 동물에게 적자생존과 같은 생존경쟁만 있는 게 아니라 협력관계도 존재하며, 개체의 진화가 아니라 함께 진화한다는 이론이다.

1950년 일본 미야자키 현 동해안의 무인도 고지마에 일본원숭이가 집단서식하고 있었다. 교토대 영장류연구소 학자들은 이들에게 먹이를 주면서 길들이기에 성공했다. 먹이는 흙투성이 고구마였다. 어느 날 한 원숭이가 고구마를 강물에 씻어 먹기 시작했다. 바닷물에 씻은 고구마는 염분이 섞여 있어 맛도 좋았을 것이다. 얼마 지나지 않아 다른 원숭이들이 따라 했다. 그러다가 무리의 반 수 이상이 씻어 먹기에 이르렀다.

더 놀라운 일이 보고됐다. 이 같은 집단 행위가 멀리 떨어진 다카자키 산에 서식하던 원숭이 무리에서도 관찰됐다는 것이다. 두 곳의 원숭이들 간에는 어떠한 교류의 방법도 없었는데 말이다. 『백한마리째 원숭이』는 지금도 사회의 변화과정을 설명하는 것으로 종종 인용되고 있다. 특정 행위를 하는 개체수가 일정량에 이르면 그 행동이 집단 내에만 국한되지 않고 거리나 공간을 넘어서까지 확산된다는 의미로 쓰인다. 특히 시대에 필요한 것은, 어떻게든 비슷한 형태로 나타나고 굳이 교류가 없어도 공명이 된다는 의미로도 많이 거론된다.

넓게는 자본주의 체제에 대한 논의부터 좁게는 마케팅의 변화에 대한 이론까지 21세기 들어 끊임없이 제기된 의제가 있다. 진정성, CSR(기업의 사회적 책임), 마켓 3.0, 사회적으로 참여하는 소비자 등 각기 다른 분야에서 제기되었던 개념들은 마치 공진화처럼 경계의 구분 없이 서로 공명하고 있는 것으로 보일 정도다.

ESG의 필요성을 설득력있게 얘기한 알렉스 에드먼스의 『파이코노믹스』에선 이제 기업은 주주(Shareholder)의 이익을 극대화하는 것에 머물러선 안 되고 모든 이해관계자(Stakeholder)를 고려해야 한다고 했다. 소비자, 사회, 국가도 기업활동의 중요한 고려사항이 되어야 하고 그래야 자본주의가 한 단계 업그레이드된다고 그는 주장했다. 이해관계자를 위해 가치를 창출하는 것이 사업적인 관점에서도 타당한 선택이며 가치와 이윤을 동시에 창출하는 기업이 성공하는 시대가 도래했다고 한 것이다.

제품 중심에서 소비자 지향으로 그리고 가치주도로 시장이 변해왔다고 주장한 『마켓3.0』이 나온지는 10년이 넘어간다. 필립 코틀러는 기업이 생존하려면 소비자에게는 미션을, 구성원에게는 가치를 어필해야 한다고 주장했다. 제품이나 서비스를 파는 시대는 이미 지났다는 말이었다. 많은 사람들의 공감은 책 판매량으로 측정될 수 있었다. CSR도 맥락은 비슷하다. 기업 활동 과정에서 수행하는 모든 활동에 사회적인 책임을 중요한 기준으로 삼는 것이 기업의 성패에 중요한 영향을 미친다는 것이 CSR을 보는 가장 중요한 관점이다. 기업이 경영 활동에 사회적인 책임을 고려하면 기업의 재정적인 이익에도 관련 이해 당사자들에게도 긍정적 영향을 미친다는 주장이다.

'기업시민(Corporate Citizenship)'도 같은 맥락의 말이다. 기업도 지역사회의 일원으로서 존재하고 사회에 공헌해야 하는 시민이 되어야 한다는 말이다. 특히 해외에 진출한 다국적 기업의 경우 현지에서 기업시민으로서 환경이나 문화 등 다방면에 걸쳐 융화해야 한다는 것이다. 이런 모든 주장들은 근본적으로 정부, 기업, 가계로 구성된 경제 3주체 중 기업의 영향력이 너무 커졌고 이윤추구만을 용인할 경우 기업의 영향력은 통제하기 불가능할 것이라는 고민이 바탕에 깔려있다. 기업의 역할을 보다 친사회적, 친환경적으로 변화시켜야 사회 전체의 지속가능성이 커진다는 관점이 깔려있다. 최근에는 이 모든 흐름이 ESG로 귀결되는 것으로도 보인다.

 기업활동의 변화를 촉구하는 이런 흐름은 기업과 브랜드에도 영향을 미치고 있다. 목적이 이끄는 브랜드, 브랜드 목적(Brand Purpose)이 브랜드 담론을 이끄는 현상이 바로 그것이다.

 원래 브랜드의 존재이유나 목적을 밝힌 것이 미션이다. 미션은 두 가지 역할을 한다. 하나는 말 그대로 기업의 존재이유, 존재의 고유성을 밝히는 것이다. 둘째는 비전 달성의 방법을 밝히는 역할이다. 그런데 비전이 구체적이면(예를 들어 2030년까지 매출액 얼마 달성과 같은) 구체적일수록 미션을 고유한 존재이유로 만들기가 현실적으로 어려워진다. 그래서 최근에는 아예 미션이나 비전 대신 브랜드 목적만을 표방하는 기업이 많아지고 있다. 비전은 내부공유용의 가치로만 활용하고. 최근에는 소비자들이 기대하는 것, 그리고 이해관계자의 삶의 질을 높일 수 있는 가치를 브랜드 목적으로 설정하고 이를 구현하는 방향으로 브랜드 활동을 집중하는 목적주도 브랜드(Purpose-led Brand)가 등장하고 있다.

 소비자들은 이제 양질의 제품을 적절한 가격에 판매하는 브랜드를 무작정 좋아하지는 않는다. 제품과 서비스의 차원을 넘어 자신들의 삶과 자신들이 속한 사회에 도움이 되고 자신들의 신념이나 가치관을 반영해주는 그리고 그것을 실현하는 것을 브랜드의 목적으로 설정하는 기업을 선호한다.

브랜드 목적은 '누구에게 도움이 될 것인가' '어떤 세상을 만들것인가' '어떤 메시지를 전하려하는가'를 뜻한다. 그래서 브랜드 목적에는 개인이나 가족의 행복, 삶의 질을 높이는 새로운 가치, 사회와 환경의 지속 가능성을 높이는 것 등의 중요한 가치들이 들어가야 한다.

구글은 '세상의 모든 정보를 체계적으로 정리해서 모두가 쉽게 접근하고 활용할 수 있게 한다'를 브랜드 목적으로 설정하고 있다. 그리고 그 목적대로 행보를 이어가고 있다. 글로벌 브랜드들은 다음과 같이 브랜드 목적을 설정하고 있다.

1. 나이키: 세상의 모든 운동선수들에게 영감과 혁신을 가져다 준다.
2. 이케아: 더 많은 사람들에게 더 나은 일상생활을 창조한다.
3. 링크드인: 전 세계 전문가들을 더 생산적, 성공적이 될 수 있도록 그들을 서로 연결해준다.
4. 페이스북: 사람들에게 커뮤니티를 구축하여 세계를 더 가깝게 할 힘을 준다.

실체없는 브랜드는 세련된 거짓말이 된다. 브랜드 목적도 구체적인 실체와의 연계성이 있어야만 성립된다. 브랜드 목적을 세울때는 두 가지 측면을 탐색해야 한다.

첫째는 브랜드의 내재된, 실체있는 위대성을 탐색해야 한다. 어떤 일을 어떻게 해 왔고 앞으로 무슨 일을 왜 할 것이지 그리고 그런 것들이 나름 자랑스러운 브랜드의 자산인지를 되물어 보는 것이다. 최소한 고객의 삶에서 결핍된 문제를 발견했고 그래서 그런 문제에 우리 브랜드는 어떻게 해 왔고 앞으로 뭘 할 것인지를 정리하는 것이다.

두 번째는 그렇기에 우리는 세상을 이런 식으로 보고 이런 가치와 의미를 중요시한다는 것을 정리하는 것이다.

첫 번째가 내재된 위대함을 찾는 것이라면 두 번째는 브랜드의 세계 관을 정리하는 것이다. 이 두 측면을 정리하면 공통점으로 뽑아 낼 수 있는 이야기가 나오게 된다. 단기적인 성과를 넘어 브랜드와 고객이 공유할 수 있는 공통의 주제, 시대를 초월해 고객의 삶을 개선하는 비지니스의 기본 원칙, 소비자를 넘어서 인간 자체에 뿌리를 둔 비지니스 프레임같은 것이 나오게 된다. 이것이 바로 브랜드 목적이다.

차별화는 영원한 숙제와도 같다. 브랜드 목적을 굳건하게 세운다는 것은 제품이나 서비스 차원이 아닌 '존재 차원의 차별화'를 도모한다는 뜻이다. 좀 더 낫거나 약간 다른 브랜드가 아닌 아예 존재 자체가 남다른 브랜드가 되려는 것이다. 그리하면 성과는 따라오게 되어 있다. "이윤의 땅에 다다르려면 목적의 길을 걸어라"라는 『파이코노믹스』의 저자 알렉스 에드몬스의 말은 앞으로도 오랫동안 유효할 것이다.

인간적인 브랜드가 오래 간다

소비자는 브랜드를 '사람'처럼 생각하는 경우가 많다. 브랜드를 사람으로, 로고 등 비주얼 아이덴티티를 그들의 얼굴로, 기업을 각각의 특징을 가진 집단이나 부족으로 치환해서 생각한다. 사람이 가진 성격적 특징을 브랜드에 적용한 브랜드 개성(Personality)은 브랜드전략에서 여전히 중요시되고 있다. 브랜드 개성을 중심으로 커뮤니케이션을 펼치는 경우 아예 브랜드를 의인화해서 정의하기도 한다. 우리 브랜드는 사람으로 따지면 이러이러한 사람과도 같다고 규정하는 식이다.

이 모두가 브랜드를 마치 사람처럼 여기는 소비자의 성향에 부응하려는 노력이다. 삼성 사람들은 어떻고 현대 다니는 사람들은 어떻다는 식의 표현도 기업을 마치 부족집단처럼 생각하는 성향 때문이다. 브랜딩에서 사람은 이처럼 중요하다. 브랜드 자체를 사람으로 보려는 소비자의 성향을 생각하면 브랜드를 직접적으로 대표하는 것으로 여겨지는 기업의 '임직원'은 더더욱 중요한 역할을 담당하게 된다. 내부 브랜딩이 중요한 이유다.

브랜드-사람 연계는 두 가지 방식으로 작동한다. 소비자는 무생물인 제품으로 사람을 판단하게 된다. 기업은 그 브랜드의 제품을 만드는 사람들이 많이 모여있는 곳이다. 우리는 제품의 품질, 스타일, 이전 경험, 구전 등을 통해 임직원이 어떤 사람들인지 판단하게 된다.

선천성 대사이상을 겪는 아이들을 위해 특수분유를 만드는 매일유업, 불과 10여 명의 아이들을 위해 공장을 멈추고 생산한다는 매일유업의 특수 유아식을 보고 우리는 매일유업이 사람으로 따지면 어떤 사람인지 생각하게 되고 임직원은 또 어떤 사람들일지를 짐작한다. 반대의 경우도 있다. 임직원을 통해 브랜드를 판단하는 것이다. 설혹 제품을 써본 적이 없어도 그 기업에 다니는 임직원과 엮인 개인적인 경험으로 그 브랜드를 재단하는 것이다.

학창 시절 내가 싫어하는 친구가 아주 좋은, 많이들 부러워하는 회사에 취직하게 된 경우를 생각해 보자. 그럴 경우 내가 싫어하던 사람을 긍정적으로 다시 보게 되던가 아니면 좋다고 평가받는 회사를 아예 안 좋게 보게 되던가? 사람과 엮인 경험으로 인해 그 사람이 다니는 회사, 브랜드는 이럴 것이라고 결론내리는 사례는 흔한 편이다.

유능함과 따뜻함

프린스턴 대학교 심리학과 교수인 수잔 피스크(Susan Fiske)는 소비자가 브랜드를 판단하는 주요 기준이 '유능함(Competence)'과 '따뜻함(Warmth)'이라고 주장했다. 유능함은 목적한 바를 달성할 수 있는 능력을 의미한다. 사람으로 따지면 재능이나 재주, 창의력, 지능 등을 기준으로 판단할 수 있다. 따뜻함은 진실되고 인간적인 친밀감을 뜻한다. 어떤 사람이 다정하고 친절하다면 그 사람은 따뜻한 사람이다. 또 진실되고 정직하며 그렇기에 신뢰할 만한 사람이면 그 사람은 따뜻한 사람이다.

심리학 연구에 따르면 사람은 다른 사람이 얼마나 유능하고 또 얼마나 따뜻한가에 따라 예측가능한 감정과 태도를 보인다고 한다. 사람들은 다른 사람이 '내 문제를 해결해 주는데 도움이 된다'고 생각하거나, '솔직하고 친절한 사람이다'라고 생각하면 긍정적인 감정을 가지는 것이 당연하다는 말이다.

브랜드로 바꿔서 생각하자는 것이 수잔 피스크의 책 『어떤 브랜드가 사람의 마음을 파고 드는가』의 일관된 주장이다. 브랜드의 유능함은 '돈값을 제대로 하는가'이다. 브랜드의 따뜻함은 '얼마나 고객중심적이고 솔직한가'이다. 사람들은 브랜드의 따뜻함과 유능함에 존경과 구매의향, 충성심으로 보답한다고 한다. 유능함을 보여주는 능력과 따뜻함을 보여주는 좋은 의도를 통해 소비자의 애정과 충성심을 얻을 수 있다는 주장이다. 돈값을 제대로 못 하는 브랜드, 유능함이 현저히 떨어지는 브랜드는 시장에서 도태된다. 어지간한 브랜드는 유능함에서 크게 문제는 없는 경우가 대부분이다. 그러니 남은 것은 따뜻함이다. 유능함만으로는 사람의 마음을 파고 들 수 없다는 것이다. 결국 따뜻함이 제일 중요하다는 것이 수잔 피스크의 핵심적인 주장이다.

인간중심의 브랜드 목적

룰루레몬은 유능함과 따뜻함으로 성공한 브랜드로 알려져 있다. '가치 있는 의도 추구 원칙'을 준수하여 열광적인 팬을 확보한 대표적인 기업이다. 룰루레몬은 시작부터 좋은 의도에서 출발했고 이를 경영 원칙으로 삼았다.

룰루레몬은 고객과 직접 소통하며 자신의 좋은 의도를 전파하고 있다. 룰루레몬에서는 사람을 부르는 호칭이 다르다. 룰루레몬에서는 고객은 '게스트(Guest)'로, 매장 직원은 '에듀케이터(Educator)'라 칭한다. 세일즈 직원이 아닌 에듀케이터들은 타 의류 매장 직원보다 교육 수준이 높고 임금도 많이 받는다. 호칭에 어울리게 에듀케이터들은 게스트들에게 제품을 교육하고 가장 적합한 옷을 제안해준다.

마크 셰퍼(Mark Schaefer)의 책 『인간적인 브랜드가 살아남는다』에는 마케팅의 거두 필립 코틀러(Philip Kotler)의 인터뷰가 소개되어 있다.

"현재와 같은 첨단 기술의 세상에서 소비자들이 갖지 못하는 것이 인간적인 접촉입니다. 소비자들은 진정한 관계에서 오는 만족감을 그리워하고 있어요. 옛날에는 브랜드가 사람들의 니즈에 대해 완벽한 해결책 역할을 한다고 했습니다. 브랜드가 환상을 팔았던 겁니다. 마케팅이 과한 약속을 내 걸었던 겁니다. 현재 우리 세상은 진정한 친밀감과 경험에 목말라 있습니다. 브랜드는 좀 더 인간적이고 진실될 필요가 있습니다. 완벽해지려는 노력은 그만둬야 합니다. 브랜드가 인간에 더 가까워져야 합니다. 다가가기 쉬워야 하고 호감이 가야 하고, 때로는 취약한 모습도 보여야 합니다."

브랜드에 있어 유능함보다 따뜻함이 훨씬 더 중요해진 시대에 우리는 살고 있다는 것이 그의 주장이다. 유능함만으로 고객의 충성심을 얻는 것은 불가능하다는 것이다. 품질만 앞세워서는 사람의 마음을 파고들 수 없고 가치 있는 의도, 즉 따뜻함으로 설득해야 한다는 것이다. 기업이 따뜻한 선의를 가지고 고객과 관계를 맺고자 할 때 비로소 소비자는 열린 마음으로 지갑을 열게 될 것이란 말이다.

룰루레몬은 브랜드 목적에서 그들의 의도를 천명했다. 세상을 위해 어떤 존재가 되겠다는 각오를 밝히고 거기에 맞게 브랜딩을 펼쳐 온 것이다. 그들의 브랜드 목적은 '세상을 평범함에서 위대함으로 끌어올린다'이다. 평범한 사람을 위대한 사람으로 발전시킨다는 각오다. 그래서 사람을 부르는 호칭도 바꾼 것이다.

따뜻함을 중시하는 브랜드는 인간중심의 브랜드 목적을 세우는 것에서 모든 브랜딩을 수행해야 한다. 원칙과 신념이 공표되고 나면 사람은 거기에 따르려는 무의식적인 압력을 받기 때문이다. 브랜드가 어떤 역할을 하고 왜 존재하는가를 밝히는 것이 미션이다. 우리는 '이런 일을 하기에 존재의 이유가 충분하다'고 스스로에게 다짐하는 것이 미션이다. 거기에 우리 브랜드의 세계관까지 더해지면 미션은 브랜드 목적으로 승화된다. 따라서 브랜드 목적이 인간중심적이어야 그 브랜드는 따뜻함을 일상적으로 추구하고 마침내 인간적인 브랜드로 각인되게 될 것이다.

로봇 비즈니스와 인간적인 브랜드 목적

거래 현장에서 비대면으로 이루어지는 서비스, '언택트 마케팅'의 시대다. 스타벅스의 사이렌 오더도, 패스트푸드 점포안의 키오스크도, 대형 유통 매장의 쇼핑 도우미 로봇도 언택트 마케팅이다.

언택트 기술에 '익숙한 편안함'을 느끼는 소비자 집단은 이미 등장했다. '불편한 소통' 대신 '편한 단절'을 택하는 사람들이 많아지고 있다. 일본은 편의점에도 무인 계산 점포를 도입하고 있다. 일손이 부족해서다. 사람값은 어쨌든 올라가게 돼 있다.

1957년부터 1971년까지 매해 100만 명 이상 태어났던 우리나라지만 작년에 태어난 신생아는 25만 명에 불과하다. 50년만에 4분의 1로 줄어든 것이다. 그러니 접점에서 일할 젊은 사람은 갈수록 부족할 것이고 최저임금은 올라야만 한다.

언택트 마케팅은 인력수급 문제를 어느 정도 해결하고 대신 현장에서 일하는 사람의 노동품질을 높이는 역할을 할 수도 있다. 거기에 기계의 장점인 '균질적 서비스'가 가능해진다. 기계는 고객을 차별하지 못한다. 또 모든 거래가 데이터로 남게 된다는 것도 이점이다. 기업이 마다할 이유는 별로 없다.

로봇은 생력화(省力化)의 필요에서 산업에 활용되기 시작했다. 생력화는 노동력을 줄이자는 것이다. 80년대, 90년대 많이 쓰인 용어다. 기업이 종업원을 줄이는 대신 기계화나 자동화를 통해 경영효율을 높이자는 것이다. 대량생산 현장에 적용되는 얘기였다. 하지만 시간이 흐르면서 인건비가 소요되는 중소 규모 생산부문은 물론 사무나 서비스 부문에도 생력화가 필요하다는 인식이 커졌다. 그래서 생력화는 종업원의 입장에선 '내 일자리가 없어질 수 있다'는 두려움을 뜻하는 말이기도 했다. 생력화에서 산업용 로봇을 활용한 공정 자동화는 가장 중요한 부분이었다. 하지만 최근에는 서비스 로봇으로 사람들의 관심이 급격히 옮겨가고 있다. 서비스 로봇은 산업 자동화 부문이 아닌 다른 분야에서 인간을 위해 유용한 일을 수행하는 로봇을 가리키는 말이다. 이는 비대면 서비스와 언택트 마케팅의 일반화라는 흐름과도 맞아떨어진다.

서비스 로봇은 먼 미래의 얘기가 아니다. 당장 집 안에 있는 로봇 청소기를 떠올리면 된다. 서비스 로봇 중에 가장 눈에 자주 뜨이는 것은 '서빙 로봇'이다. 식당에서 음식을 가져다주거나 사용한 식기를 가지러 오는 그런 로봇을 말한다. 서빙 로봇에 대한 수요 또한 생력화의 필요성에서 시작됐다. 장기 저성장 시대, 소비 심리는 위축되는데 원자재 가격은 치솟고, 인력난까지 겪고 있는 외식업 사장님들이 자연스럽게 '자동화'에 관심을 가지게 된 것이다.

서빙 로봇 시장 국내 점유율 1위 기업은 2023년 현재 브이디컴퍼니이다. 브이디컴퍼니는 2019년 창업이래 매년 높은 성장률을 기록하며 2022년 말 기준으로 전국 2,000여개 업장에 3,000여대의 서빙로봇을 공급 중이다. '서빙 로봇' 외에도 매장 자동화에 필요한 솔루션들을 개발해 외식업계의 디지털 트랜스포메이션(DX : Digital Transformation)을 선도한다는 원대한 비전을 가진 기업이다. 하지만 원대한 비전만으로 사업이 커지지는 않는다. '돈 버는 사장님 솔루션'이라는 직관적인 세일즈 슬로건이 식당 사장님들에게 오히려 더 먹혔다. 국내의 외식업체 수는 70만개인데 보급된 서빙 로봇의 숫자는 1위 기업이라고 해도 3,000여대에 불과하다.

무인화와 자동화 그리고 비대면 서비스가 시대의 트렌드가 되어감에도 예상보다 서빙 로봇의 보급이 더딘 이유는 무엇 때문일까? 당장의 가격 부담도 한 요인이겠지만 그것이 전부는 아니다. 구독이나 렌탈 서비스로 초기 비용은 대폭 낮출 수 있다. 보급률이 높아지면 자연히 단가도 낮아질 것이다.

서빙 로봇의 보급에 가장 근본적인 걸림돌은 생력화에 대한 종업원의 공포이다. 서빙 로봇이 들어오면 내 일자리가 없어질 수 있다는 종업원의 두려움이 가장 큰 장애요인이다. 종업원과의 인간관계를 중시하는 사장님들일수록 눈치를 더 보게 된다. '돈 버는 사장님 솔루션'이란 슬로건은 구매결정자인 사장님들에게는 매력적이지만 같이 일하는 종업원에겐 반가운 것만은 아니다.

브이디컴퍼니의 브랜드 전략은 이런 고민에서 출발했다. 서빙 로봇 그리고 통합솔루션을 제공하는 브이디컴퍼니의 브랜드목적을 재설정해야 했다. 자신의 존재이유를 깊고 넓게 설정해야 그렇게 행동하게 되기 때문이다. 브이디컴퍼니는 고객을 넓게 보는 것으로 접근했다.

1차 고객은 당연히 외식업 사장님들이다. 2차 고객은 로봇을 현장에서 활용하는 종업원이다. 그리고 로봇의 서빙을 받는 손님들도 2차 고객이 된다.

사장님이 돈을 벌 수 있다는 약속 말고 2차 고객에겐 무엇이 더 좋아질 것인가를 고민했다. 종업원들에게는 노동의 품질이 높아질 수 있음이 전달되어야 했다. 냉면 6그릇 테이블에 가져다주느라 힘이 빠져서 손님들의 표정을 읽지 못하면 안 된다는 인식이 필요했다.

서빙 로봇이 있으면 그런 일은 로봇에게 맡기고 좀 더 손님들에게 집중할 수 있어서 서비스 품질이 높아지는 것은 서빙 로봇을 이미 도입한 매장에서 종종 발견되는 현상이었다. 사람이 이전보다 소중하게 쓰일 수 있게 된다는 것이었다.

손님의 입장에서도 마찬가지다. 내 시간과 생각을 내 마음대로 할 수 있다. 메뉴를 결정할 때나 주문할 때 불필요한 거래나 흥정없이. 그리고 종업원들로부터는 이전보다는 좀 더 대접받는다는 느낌을 받게 된다.

이런 상황인식하에서 내재적인 헤리티지와 세상을 바라보는 관점을 통합해서 브이디컴퍼니의 브랜드 목적이 도출되었다. 두 가지를 통합한 브이디컴퍼니의 브랜드 목적은 '자영업의 성공 가능성과 지속성을 높인다' '자영업의 인식을 개선하는 새로운 경험을 창출한다' 그리고 '기술 서비스로 사람과 노동의 가치를 높인다' 등으로 정리될 수 있었다. 그리고 마침내 이 모두를 통합하여 "일상의 작은 순간에서도 사람을 귀하게 한다"가 브랜드 목적으로 결정됐다.

1차 고객인 사장님들에겐 매장운영을 하며 겪게 되는 어려움을 일정 부분 해결하는 존재가 되겠다는 것이다. 2차 고객인 종업원들에겐 업무여건의 개선으로 노동의 질을 높일 수 있게 하겠다는 것이다. 손님들에겐 조금 더 세심히 배려받는 즐거움을 주려는 것이다. 그리하여 사람이 귀하게 여겨진다는 경험을 많은 사람이 할 수 있도록 하겠다는 것이다.

브이디컴퍼니는 자신들의 비즈니스가 인간 노동의 존엄한 가치를 회복시키는 일이라고 천명한 것이다.

브이디컴퍼니의 브랜드 목적이 '일상의 작은 순간에서도 사람을 귀하게 한다'라고 정해진 것은 유능함을 넘어 따뜻함을 추구하겠다는, 인간적인 브랜드가 되겠다는 의지의 산물이다.

맺음말

워비곤 호수에 빠지지 말자

미국의 코미디언 조지 칼린(George Carlin)의 조크다. "당신보다 느리게 운전하는 사람은 멍청이고, 당신보다 빠르게 운전하는 사람은 미친놈이라고 생각해 본 적은 없나요?" 반박하기가 어려운 말 아닌가? 나는 적절한 속도를 유지하는 것이고 다른 사람들이 쓸데없이 느리거나 지나치게 빠르게 운전한다고 우리도 생각하지 않는가 말이다.

사람들은 누구나 자신이 평균 이상이라고 생각하고 다른 사람은 자신보다 못하다고 믿는다. 이런 근거 없는 믿음, 자기 자신은 아무리 못해도 보통의 다른 사람들보다는 낫고 최소한 평균이상은 된다는 자기과신은 개인차원에만 머물지 않는다. 자신이 속한 집단 · 조직 · 회사도 최소한 평균보다는 잘 한다는 착각으로 자기과신의 오류는 확장된다.

사실 우리는 우리 생각만큼 훌륭하지는 않다. 그럼에도 우리가 자신을 훌륭하다고 생각하는 건 '워비곤 호수 효과(Lake Wobegon Effect)'의 증상을 앓고 있기 때문이다.

워비곤 호수는 미국의 풍자
작가 개리슨 케일러(Garrison
Keillor)가 창조해 낸 가상의 마
을이다. 그가 쓴 라디오 쇼,
『프레리 홈 컴패니언(prairie home
companion)』의 배경이 되는 마을

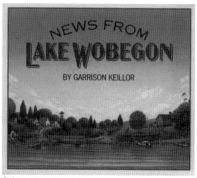

출처: https://goo.gl/tCTklO

의 이름이다. 이 라디오 드라마에서 워비곤 호수의 여자들은 힘이 세
고, 남자들은 잘생겼으며, 아이들은 평균 이상으로 뛰어난 것으로 설
정돼 있었다. 워비곤이란 말 자체가 'Woe (근심) + Be Gone (사라진)'에
서 나온 것이다.

이 라디오 프로그램이 유명해지면서 워비곤 호수 효과는 자기과신
의 오류를 가리키는 표현으로 정착됐다. 사람들이 자기 자신에 대해
갖고 있는 인식은 믿을 게 못 되고 평범한 사람도 대부분은 자신에 대
해서 아부에 가까운 믿음을 갖고 있는데 이러한 과신의 오류를 가리
키는 말이 됐다.

워비곤 호수 효과는 도처에서 발견된다. 노동자들의 90% 이상이 '나
는 일반 노동자보다 생산적이다'라고 생각하고 있다는 연구결과와 함
께 미국의 경우 80%의 직장인이 스스로를 '평균 이상'이라고 생각하
며, 단지 1%만이 자신들을 '평균 이하'로 평가했다는 연구 결과도 있
다. 한국에선 몇 해 전 한 구직사이트가 구직자 2013명을 대상으로 조
사한 결과, '나는 평균보다 우수한 인재'라고 생각하는 사람이 70%에

달했고 이 중 대부분인 약 80%는 자신의 능력에 비해 연봉이 낮다고 불평했다고 한다.

아주 극적인 사례도 있다. 1980년대 후반, 미국의 존 캐널(John Cannell) 박사의 연구결과다.

통계적으로 미국 50개 주 학생들의 대입시험 평균 성적이 미국 전체 평균 성적보다 높을 수는 없지만 모든 주 정부가 하나같이 자기네 주 학생들의 평균 성적이 전국 평균 성적보다 높이 나왔다고 주장했다는 것이다. 그리고 그 주장을 각 주의 주민들은 믿었다는 것이다.

전문가들이 비전문가보다 더 심하게 워비곤 호수 효과에 빠진다는 것은 생각해 볼 문제다. 전문가들의 입장이야 충분히 이해는 간다.

확신을 보이며 단정적으로 얘기할 때 전문가의 전문성이 보다 강렬하게 드러날 테니 말이다. 문제는 전문가들의 자기 과신은 두고두고 그림자를 남긴다는 것이다. 다음과 같은 사례다.

1. "그 장난감으로 뭘 하겠소?"_웨스턴 유니언 오톤 사장, 벨의 제안을 거절하며
2. "축음기는 상업적 가치는 전혀 없다."_에디슨
3. "미국 경제는 영원한 호황에 들어섰다"_계량경제학자 어빙 피셔 대공황 직전
4. "기타 치며 노래하는 그룹의 인기는 곧 시들해 질것이다." _Decca Recording, 비틀즈의 녹음을 거절하며….
5. "개인용 PC는 640K 메모리면 충분하다."_빌 게이츠, 1981

이런 사람들을 본 적이 있을 것이다. 자신이 출중하다고 생각하거나 (그러나 실제로는 그렇지 못한), 혹은 어떤 일을 굉장히 잘한다고 생각하는 (그러나 실제로는 그렇지 못한) 사람들 말이다. 이런 사람들은 대부분 자신의 능력을 과신한 나머지 객관적으로 자신을 보지 못하고 재능을 더 발전 시키지 못하는 경우가 많다. 자기가 뛰어나다는 생각에 빠져 더 잘 하려면 어떻게 해야 되는지를 진지하게 고민하지 않기 때문이다.

소비자를 잘 안다고 자부하는(그러나 실제로는 그렇지 못한), 혹은 커뮤니케이션이 탁월하다고 생각하는(그러나 실제로는 그렇지 못한) 기업이나 브랜드를 우린 종종 만난다. 이런 기업이나 브랜드도 워비곤 호수 효과 때문에 한 단계 더 발전할 기회를 놓치는 경우가 많다. 비관적인 얘기를 하려는 것은 아니다. 근거 없는 낙관주의를 경계하자는 것이다. 스스로가 레인메이커임을 자부하는 사람들이면 더더욱 전문성의 함정에 빠지지 않도록 경계를 늦춰선 안된다.

기본적으로 우리가, 우리 회사가, 우리 브랜드가 좋지 않다고 생각하는 것이 오히려 현명한 처사다. 그런 생각을 한다고 해서 실제로 손해 볼 건 없다. 우리의 서비스 수준이 나쁘다고 여긴다면 잘하고 있다는 만족감에 젖어 있을 때보다 우리가 서비스를 개선할 가능성이 훨씬 커진다. 우리 자신이나 우리의 브랜드를 과소평가하고 싶은 사람은 없을 것이다. 그러나 마찬가지로 우리 자신이나 우리 브랜드를 과대평가해서도 안 된다. 자신을 과신할 때, 우리는 고객보다 우리 자신에게 더 많은 관심을 기울이게 된다.

이것이야말로 치명적인 나르시시즘이다. 나르시스를 기억하자. 아름다운 청년이 연못에 비친 자신의 모습과 사랑에 빠져, 거기에서 헤어 나오지 못한 채, 결국 이루지 못한 사랑 때문에 죽고 만다. 안으로만 향하는 자기애에서 벗어나지 못하면 결국 파멸에 이르게 돼 있다.

성공적인 레인메이커들은 모두 워비곤 호수 효과를 잘 알고 있다. 하지만 대다수 CEO, 브랜드 매니저, 마케터는 종종 현실을 직시하지 못하고, 자신을 실제보다 높이 평가하며 스스로를 기만한다. 성찰이 부족한 것이다.

우리가 스스로를 어떻게 평가하고 있든 간에, 특히 소비자들이 생각하기에 우리는 아직 완벽 근처에도 가지 못한 상태이다. 결국 레인메이커도 사람일 뿐이며 완벽할 수는 없는 노릇이다.

훌륭할 수는 있어도 절대로 완벽할 수는 없다. 워비곤 호수에 빠지지 않으려면 끊임없이 고객과 직원의 입장에서 생각해 보고 언제든 재평가를 두려워하지 않아야 한다. 이미 잘 되고 있는 부분이 아니라 부족한 부분이 무엇인지 항상 찾으려 하고 고객에게 제공하는 경험을 어떻게 더 향상시킬 수 있을지 고민하는 것만이 워비곤 호수 효과에서 벗어나는 유일한 방법이 된다.

"세상을 바꾸기 위한 싸움은 절대선인 사람들과 절대악인 사람들 사이에서 일어나는 것이 아니라 자기성찰이 가능한 사람들과 자기성찰이 부족한 사람들 사이에서 일어나는 것"이라는 김규항 선생의 일갈을 깊이 간직하자. 레인메이커라면!